いのち・地域を未来につなぐ

これからの協同組合間連

石田正

家の光協会

いのち・地域を未来につなぐ　これからの協同組合間連携

目次

第3章 戦後日本における協同組合間連携の歴史 72

第6章 プラットフォームづくりと協同組合間連携の未来 201

デザイン・DTP 東京カラーフォト・プロセス
校　正 ケイズオフィス

第1章 いのち・地域を未来につなぐ協同組合間連携

1.「学ぶ」と「つながる」プラットフォームとしての日本協同組合連携機構

1995年の国際協同組合同盟（ICA）の宣言による現行の協同組合原則は、「協同組合のアイデンティティに関するICA声明」と名づけられています。そのバックグラウンド・ペーパーを読むと、協同組合原則は、宣言が出された当時の世界情勢のなかで協同組合原則をどのように解釈すべきかを説明しようとするものであると述べられています。(1)

私はここで、協同組合原則そのものを論じようとしているわけではありません。その日本語版を読んでいて、率直な物言いに驚くとともに、新鮮に感じた箇所をみなさんに紹介したいと思って取り上げようとしています。協同組合原則に関する基本中の基本を述べている重要なメッセージと思います。

この本の出版当時、日本協同組合学会副会長を務めていた故・坂野百合勝（以下、すべての人名は敬称略）が、「あとがきに代えて――原則論と現実」で次のように述べています。(2)

協同組合の原則論と現実の事業のやり方との間に、大きな乖離現象が起こっている。わが国の原則論議は、国際協同組合同盟で提案がなされた時に、それぞれの協同組合の国際担当者が対応しているにすぎず、現場の実践家にはほとんど無縁となっている。また研究者は翻訳をしたり、解説の論文を書いているにすぎず、現場への影響力はほとんどない。そして農協、生協、漁協等における現実の事業展開は、専ら顧客満足の経営方式に終始し、株式会社の方式の後追いをしているにすぎない。協同組合の理念論も価値論も原則論も、いまや現場では一種の経文的位置づけでしかない。何ヶ条かを額に入れたり総代会資料の裏表紙などに印刷して恭しく掲げてはいるものの、日常の事業展開の中では活かされていない。

もちろん、坂野はこうした現実を「よし」としているわけではありません。この短文の最後では「理念・原則なき運動や経営が行き詰まるのは世の常である。研究者には事業論と連動した原則研究を、実践家には原則と連動した協同組合特有の事業方式の確立についての研究を期待したい。本書がそのための動機づけになることを大いに望んでいる」と結んでいます。

それからおよそ20年を経過した2018年4月、日本の協同組合を横につなぐ組織として日本協同組合連携機構（JCA）が設立されました。その定款によれば、JCAの使命（ミッション）には二つあって、一つは「協同組合の健全な発展」、もう一つは「地域のよりよいくらし・仕事づくりへの貢献」とされています。

また、今後の10年を見据えた「JCA2030ビジョン」（21年3月決定）では、「協同をひろげて、日本を変える―『学ぶ』と『つながる』プラットフォームとして―」を掲げるまでに至りました。ここで、プラットフォームとは、「場」「基盤」を意味していますが、この新しい概念のもとで先人の憂慮を乗り越えようとする努力なり具体的な取り組みが、わが国協同組合セクターで行われるようになったことを高く評価したいと思います。

「『学ぶ』と『つながる』プラットフォーム」、これをキーワードとするJCAの設立のきっかけと今後の展望について、20年8月までJCAの代表理事専務を務めていた馬場利彦は、次のように語っています。(3)

産直連携のように協同組合間の連携は古くから各地で行われてきた。これをもっと太くしようと動き出したきっかけは、2012年の「国際協同組合年」だ。その4年後には協同組合が国連ユネスコの無形文化遺産に登録された。格差と貧困が深刻になる中、協同組合の価値が再評価される世界的な流れが生まれた。ところが、日本では農協攻撃が典型だが、協同組合の自主自立を否定するかのような動きが起こった。協同組合の危機に結集して対処する、そのためにも常設の全国組織をつくろう、となった。

協同組合間連携に力を入れる理由は何か。

国連の持続可能な開発目標（ＳＤＧｓ）の盛り上がりに見られるように、経済・社会の持続性が大きな課題だ。とくに人口減少・高齢化が加速する地方・地域が懸念される。そこに協同組合の事業・活動の場がある。日本では農協なら農水省、生協なら厚労省と所管する省が違い、歴史的には縦割りでやってきた。地域住民が抱える暮らしやコミュニティの課題を解決するには、横の連携・協力がもっと必要だ。まず、全県での県域の連携組織づくりと活性化を目指したい。

95年ＩＣＡ声明のバックグラウンド・ペーパーでも述べられていますが、あらゆる種類の協同組合がたった一つのルーツから生まれてきたわけではありません。世界中でさまざまな形態を取りながら存在し、種々のニーズに応えて、多様な社会のなかで発展しています。19世紀の産業革命期のヨーロッパで登場した協同組合ですが、次のような5つのルーツをもっているとされます(4)。

ロッチデールの先駆者と結びついて発展してきた消費協同組合、フランスで最大の力をもっていた労働者協同組合、ドイツで広範にはじまった信用協同組合、デンマークとドイツで早くから根をおろした農業協同組合、ヨーロッパの多くの工業地域で現れた住宅協同組合や医療協同組合といったサービス協同組合――などがそれらです。

これらの伝統はすべて、成功の度合は異なるものの、19世紀にほとんどのヨーロッパ諸国で開花し、20世紀には世界中にひろがっていきました。95年ＩＣＡ声明は、こうした各種協同組合がもつ活力を認識し、ルーツがなんであろうと各々の伝統が異なった社会や異なった文化のなかで異なった方法で適用されてきたことを確認したと述べています。

また、95年ＩＣＡ声明は、あらゆる種類の経済、社会、政治の環境において、協同組合が等しく役立つように企図されたものであるとし、すべてのグループが、原則を遵守し、ほかのグループの方法を見習ういっぽうで、独自のニーズや経験、文化に応じて組織を形づくりながら、自らの協同組合運動を特徴のある方法でつくり上げてきたことを認識したと述べたうえで、本声明はこの多様性を受け入れ祝福するものであるとしています。

この声明の精神を正しく踏まえるならば、ＪＣＡ２０３０ビジョンが掲げた「『学ぶ』と『つながる』プラットフォーム」では、協同組合間の違いは違いとして認めるいっぽうで、共通の価値を不断に追求する実践理論を構築していく責務があるといえるでしょう。そして、その実践理論の構築に当たっては、すべての協同組合と協同組合人が、95年ＩＣＡ声明における協同組合の定義・価値・原則に立ち戻って検討する必要があるといわなければなりません。

2. さまざまな形の協同組合間連携

ＪＣＡの前身組織（常設機関）の一つに協同組合経営研究所があります。同研究所から『協同組合間提携の理論と実際』[5]という題名で、私たちの研究テーマと深く関係する本が１９９２年12月に出版されました。この本の出版に先立ち、同年10月に開催された第30回ＩＣＡ東京大会では、ベーク報告「協同組合の基本的価値」が提案・採択され、３年後の95年に開催予定のＩＣＡ１００周年マンチェスター記念大会でのＩＣＡ宣言へと引きつがれていきました[6]。そのベーク報告においても、66年協同組合原則で採択された「協同組合間の協同」の原則が、あらためて強調されています。

当時、協同組合経営研究所の常務理事であった甲斐武至は、この本のなかで「提携はあくまでも『手段』であって『目的』ではない。それが、組合員の利便追求に有効な手段であるかぎり、タテにも、ヨコにも、際限なく提携の輪をひろげなければならない。その意味において、『提携』は、協同組合における諸活動の『必然』である」と述べています。見事な説明だと思います。

そして、「人々は、よりよい暮らしを築くために、それを妨げる目の前の歪みがもたらす『不安からの解放』を願っている。協同組合間提携の必然性は、そこらに『目的』の最大公約数がありそうである」と述べたうえで、協同組合間提携のめざすべき方向（展開の戦略的位置づけ）として、新しい流通システムづくり、人間らしく生きる新たな生活様式づくり、住みよい地域社会づくり――の３つをあげています。(7)

現在、ＪＣＡが提唱している協同組合間連携の原型というべきものが、このなかで提示されていることに注目してよいでしょう。現在のＪＣＡの協同組合間連携の類型区分は次のとおりです。

①産消提携型
②事業連携型
③地域連携型
④学習会・イベント型
⑤災害支援型
⑥人材育成型

大きく分けると、①から③までが、協同組合間連携の「基本類型」を形成し、④から⑥までが、その基本類型を根底から支える「基礎類型」を形成していると考えられます。いいかえれば、３つの「基本類型」をうまく作動させるためには、その前提として３つの「基礎類型」をしっかり機能させる必要があるといえるでしょう。

①の「産消提携型」は、生産者側に位置する農・林・水の協同組合と消費者側に位置する協同組合が〝対等の関係〟で結ばれることが、協同組合間連携を成立させる基本的な要件です。しかし、生産者側と消費者側の協同組合のどちらが産消提携をより強く求め、イニシアティブをとってきたのかというと、食料品などの生活必需品の共同購入を目指す消費者側の協同組合であったという歴史があります。また、この基本的な関係は今後も変わらないと思います。

世界最初の消費組合であるイギリスのロッチデール公正先駆者組合（1844年設立）の店舗では、最初に小麦粉、バター、砂糖、オートミールという基礎的な食料品が取り扱われました。[8]また、大正期に設立されたわが国の消費組合（購買組合）の多くは、まず米からはじめ、次いで味噌、醤油、薪炭、砂糖、缶詰、乾物類などの保存食品に手をひろげていきました。[9]

第二次大戦後の「協同組合間提携に関する年表」をめくると、深刻な食糧難に見舞われた1945（昭和20）年11月30日には、全国農業会、中央水産業会、日本協同組合同盟（日協）の三者で「生産消費直結中央会議」が開催されたことがわかります。また、JCAの先行組織の一つとされる日本協同組合連絡協議会（JJC）は、協同組合間の提携をさらに進めることを目的として、56（昭和31）年2月の結成当初は全中、全漁連、日生協の三者でスタートしたことがわかります。[10]

今やどこの食品スーパー、百貨店でも「産直品」をみかけるようになっています。しかし、生産者と消費者のグループ・団体が相互信頼、相互交流の関係で結ばれているのは協同組合間の「産消提携型」だけではないでしょうか。そして、そのことがこの類型のすぐれた特徴となっています。大きく捉えると「産消提携型」も次の「事業連携型」の一つとみなすことができますが、あえてそれを別立てにしているのは、協同組合間連携にとって「産消提携型」が特別の意味をもっているからです。

②の「事業連携型」は、組合員のニーズや願いを受けて、事業体としての協同組合が戦略的な意味から取り組む協同組合間連携を表しています。その基本理念は、66年第23回ＩＣＡウィーン大会で新しく協同組合原則に加えられた「協同組合間の協同」におかれています。第二次大戦後における市場経済の急速な拡大のもと、多国籍化をすすめた巨大な資本制企業が各地に進出し、生産から卸、小売、さらには輸出入に至るまでの広範な分野で市場支配力を強めていきました。協同組合は、これら寡占企業に対抗するための手段を「協同組合間の協同」に求めたことになります。

66年協同組合原則では、「協同組合間の協同」は次のように規定されています。[11]

「すべての協同組合組織は、その組合員ならびにその共同体の利益にもっとよく役立つために、地方的・全国的ならびに国際的の各段階において、あらゆる可能な方法で、ほかの協同組合と積極的に協同すべきである」

わが国においても、この新しい協同組合原則のもとで、異種協同組合間における「事業連携型」の取り組みが数多く行なわれるようになりました。

「事業連携型」のなかには、連携の形が異なる2つのタイプが並存しています。その一つは、異種間の協同組合が集配センターやパッキングセンター、リサイクルセンター、購買店舗、移動購買車、直売所などを共同で設置・運営していくコラボレーション・タイプの事業連携です。もう一つは、異種間の協同組合が清掃やパッキング、配送などの特定の業務に関して、委託元・受託先の関係で結ばれるパートナーシップ・タイプの事業連携です。後者は、ワーカーズコープやワーカーズコレクティブなどの労働者協同組合の仕事おこしの一環として、80年代後半以降数多く取り組まれるようになりました。

③の「地域連携型」は、わが国の協同組合間連携のなかで、取り組みのさらなる拡大が期待される類型になっています。95年原則では、66年原則と同様に「協同組合間の協同」として次のように規定されています。

「協同組合は、地域的、全国的、(国を越えた)広域的、国際的な組織をつうじて協同することにより、組合員にもっとも効果的にサービスを提供し、協同組合運動を強化する」

この原則で私がもっとも注目するのは、標題の「協同組合間の協同」の英文が"Co-operation Among Co-operatives"となっていることです。BetweenではなくAmongとなっていること、すなわち、2つの協同組合間の協同ではなく、3つ以上の協同組合間の協同、というよりもネットワーク的な協同組合間の協同を指示しているということです。

この指示は、個々の協同組合間というよりも協同組合セクターとして取り組むべき「協同組合間の協同」に重きがおかれていることを意味します。このオール協同組合的な取り組みの思想を解くカギは、95年原則で新しく協同組合原則に加えられた「地域社会への関与」にあるとみています。

20世紀最後の四半世紀ごろから、資本主義が高度に発展するなかで「市場は正義なり」といった市場原理主義のもと、「新自由主義」が世界中を席巻するようになりました。それに伴って貧困・格差の拡大がいっそうすすみ、地域社会の持続可能な発展が憂慮されるようになっています。人類の生存を脅かしかねないこうした動きに対して、本来は組合員の共益組織である協同組合が、組合員の利益だけではなく、地域の普遍的利益（特定されない人々の利益）の充足をはかっていくことが、地域社会の保全者たるべき協同組合の責務ではないか、そのことを世界中の協同組合が宣言し、実行していくべきではないか、といった人類愛的な相互扶助（助けあい）の思想が、この協同組合原則の真髄をなしていると私は考えています。

以上のように考えると、「協同組合間の協同」と「地域社会への関与」は独立した協同組合原則ではなく、相互に強い関連性をもつ協同組合原則であることがわかります。「地域連携型」

は、そうした2つの協同組合原則を結合した特別の類型であることに注意してほしいと思います。

いっぽう、④の「学習会・イベント型」、⑤の「災害支援型」、⑥の「人材育成型」は、いずれもJCAビジョンで掲げられた「『学ぶ』と『つながる』プラットフォーム」としての役割発揮が期待される分野・領域での連携を表しています。組合員・地域住民に対しては単位協同組合がプラットフォームとなり、単位協同組合や連合組織に対してはJCAや都道府県の連携組織がプラットフォームとなることが期待されています。

3．多様性を認めあう協同組合間連携を

JCAの「協同組合統計」によれば、2018年度末現在における国内の単位協同組合数は4万252組合で、それに連合組織を加えた総数は4万1610組織となっています。いっぽう、組合員数は延べ1億584万人に上っています。この組合員数を単位協同組合数で割った一組合当たりの組合員数は、およそ2600人となります。

このうちの単位協同組合数について、種類別組合数の多い順に並べると、中小企業組合が3万4971組合（うち事業協同組合が2万8320組合）、水産業協同組合が1779組合、

農協（総合農協と専門農協）が１２０６組合、生協が８２０組合、森林組合が６１７組合、労働者協同組合が４４２組合、信用金庫が２５９金庫、信用組合が１４５組合、労働金庫が13金庫となっています(12)。

それぞれの協同組合には、それぞれの根拠法（特別法）と所管官庁があって、こうした制度面での分立状況が、協同組合間の結束力の弱さなり協同組合の認知度の低さになって表れているのではないかという指摘があります。確かにそういう面は否定できません。しかし、そのことが本質的な問題なのでしょうか。私は決してそう思いません。むしろ、問題は協同組合人の心のなかにあると考えています。

95年ＩＣＡ声明で述べられているように、協同組合はそれぞれ多様なルーツをもち、独自のニーズや経験、文化のもとで発展してきました。それぞれの協同組合は、協同組合としての普遍的性格をもっていますが、同時に歴史的個体としての固有の性格ももっています。この固有の性格に着目すれば、仮に統一協同組合法（一般法）ができたとしても、ただちに協同組合間の結束力が強くなるとは思えませんし、協同組合の認知度も高くなるとは思えません。

結束力を強めるうえでも、認知度を高めるうえでも、協同組合にとって重要なことは、協同組合人がその多様性を認めあい、尊重しあいながら、すべての種類の協同組合が繁栄し、効果的に協力するための共通のプラットフォーム（場・基盤）をつくることにあるのではないかと考えています。

逆にいうと、そういう求心力が働くプラットフォームがこれまでの協同組合には欠けていたために、すべてが中途半端に終わっていたのではないかと考えられます。

日本の協同組合の分立のはじまりは、協同組合の根拠法が分立していった第二次大戦中あるいは第二次大戦後にあるのではなく、統一協同組合法をもっていた大正期までさかのぼることができます。

1900（明治33）年、明治政府は、農業者のほか、都市部の中小の商工業者、労働者の経済的地位の改善をはかるために、統一協同組合法としての「産業組合法」を公布・施行しました。また、それとほぼときを同じくして、労働運動・社会運動を取り締まるための「治安警察法」を公布・施行しました。方向性の異なるこの二つの法律を同時に制定したのは、山縣有朋率いる長閥官僚でした。彼らの頭のなかにあったのは、民主主義的あるいは自由主義的な協同組合ではなく、国家主義的な協同組合の創設・育成でした。

産業組合がめざましい発展を遂げたのは大正期に入ってからです。第一次世界大戦（1914～18年）を契機に世界市場へ進出するきっかけをつかんだ日本資本主義の発展と軌を一にしています。

農業者が組織した協同組合は農村産業組合と呼ばれていますが、その内実は地主・富農層を組織の柱とし、信用事業（貸付というよりは貯金運用）を事業の柱とする産業組合でした。戦後恐慌に見舞われ、経済的な苦境に陥った大正後期には、千石興太郎率いる産業組合中央会が中心となり、資本主義経済に代わる産業組合主義経済の確立を目指して「産業組合主義」を掲げるようになりましたが、その本質は民主主義的な協同組合ではなく、長閥官僚が目指した国家主義的な協同組合でした。[13] この産業組合主義を理論的な観点から批判したのは東京大学の近藤康男[14]と九州大学の沢村康[15]です。

都市部の中小の商工業者が組織した協同組合は市街地産業組合と呼ばれていますが、明治期に同業者産業組合が数多くの業種でつくられました。大正期に入ると、これらの組合に加えて単営または兼営で信用事業を営む市街地産業組合が設立されるようになりました。[16] 政府は、都市部の中小の商工業者に金融の利便性を提供するために、産業組合法の第三次改正（1917年）において、シュルツェ型市街地信用組合を法認しました。設立区域の制限、有限責任、兼営の禁止、農商務省と大蔵省の共管など、市街地信用組合固有の仕組みを設けるとともに、会員外預金や手形割引も認めました。この延長線上に単独法としての市街地信用組合法（1943年）の制定があります。

産業組合法の制定以前から、東京の「共立商社」（1879年）をはじめとして旧幕藩士族たちがロッチデール型消費組合を設立しましたが、いずれも短命に終わりました。その後、大正デモクラシーの到来とともに労働運動・社会運動が盛んになると、労働組合を母胎とする労働者消費組合や、ロシア革命の影響を受けて、資本主義経済に代わる社会主義経済の樹立を目指した労働者生産組合の設立の動きが活発化します。しかし、政府がこうした動きを抑えるため「治安警察法」を盾に弾圧に乗りだしたことによって、労働運動・社会運動における左右の分裂が繰り返されるようになり(17)、労働者生産組合はもちろんのこと、労働者消費組合も大きく発展できませんでした。大正後期に発足し、昭和2年現在で存続が確認された市街地消費組合は全部で78組合、その類型別組合数をみると、労務管理を目的とする職場付属労働者組合や官庁付属組合が50％、市民（消費者）組合や自営業者組合、学校・学生組合が31％であるのに対して、社会運動型組合は19％にとどまっています(18)。

関東消費組合聯盟に加わり、生涯を労働者消費組合運動にささげた山本秋によれば、この時代の消費組合運動は、山名義鶴＝友愛会・総同盟系、吉野作造＝家庭購買組合系、賀川豊彦＝共益社系、岡本利吉＝共働社・関東消費組合聯盟系、産業組合中央会系市街地購買組合――の5流に要約できるとしています。このうち第二次大戦後まで延命したものは、家庭購買組合（吉野作造系）、江東消費組合、灘購買利用組合、神戸消費組合、共益社（以上、賀川豊彦系）、福島消費組合（岡本利吉系）のわずか6組合にとどまっており、そのうちの4組合が賀川豊彦系に属していることが注目されます(19)。

賀川豊彦のわが国協同組合運動への貢献は、以上で述べた消費組合にとどまらず、医療利用組合、協同組合保険会社（戦後の共済事業）の設立などにもおよんでおり、大きな足跡を残しています。

ここで、本節を要約する観点から、資本主義と協同組合との関係に着目すると、次のような類型区分が考えられます。

①資本主義のなかの協同組合……資本主義経済のなかで存在し、資本主義経済の専横に対抗する、あるいは資本主義経済の弊害を補正する役割をもつ協同組合

②資本主義に代わる協同組合……資本主義経済から社会主義経済への体制転換を目指す協同組合

③資本主義を超えた協同組合……資本主義経済、社会主義経済といった体制論を思想的に超越した協同組合

①の「資本主義のなかの協同組合」には、農村産業組合、市街地信用組合、市民（消費者）を主体とする消費組合などが含まれます。ただし、この基準に加えて、国家との関係を考慮に入れると、産業組合主義を掲げた農村産業組合は、それ以外の産業組合とは違うポジションにあったと考えられます。現在ではこのタイプの農業協同組合はありませんが、国家（政府）との距離の近さは現在の農業協同組合にも受けつがれているように思われます。

②の「資本主義に代わる協同組合」には、労働組合を母胎とする労働者消費組合、商品の生産や基幹産業を手中に収めようとする労働者生産組合などが含まれます。また、農民組合（農民運動）を母胎とする小作層が組織する「階級的協同組合」もこの類型のなかに含まれます[20]。第二次大戦前にこれらの組合のほとんどは政府の弾圧あるいは懐柔によって解散に追い込まれました。ただし、世界に目を転ずれば、このタイプの協同組合は現存し、協同組合運動の一角を担っている場合もあります。

③の「資本主義を超えた協同組合」には、賀川豊彦の「神の国」論、あるいは「友愛（助けあい）の思想」に価値規範をおく戦前の産業組合と戦後の協同組合が含まれます。賀川のいう「神の国」論の協同組合というのは、時代や経済体制の違いを超えて、どのような「地の国」においても成立する協同組合と考えられるからです。世界的にみれば、欧米の協同組合、共済（保険）組合を中心に、このタイプの協同組合が主流をなしていると考えてよいでしょう。キリスト教をベースに、95年協同組合原則の「地域社会への関与」に積極的に取り組んでいる協同組合は、その多くがこのタイプに含まれています。

ただし、急いでつけ加えなければなりませんが、私が考える「多様性を認めあう協同組合間連携」というのは、以上で述べた3類型のいかんにかかわらず、95年協同組合原則「地域社会への関与」を受け入れ、それを組合員の活動に活かそうとしている協同組合は、そのすべてがこの対象に含まれると考えています。

4.「ばらける個人」をつなぐプラットフォームづくり

賀川豊彦の「神の国」とは、「友愛（助けあい）」で満ちた社会のことをいいます。[21] 人と人とがつながり、助けあうことで、全人類の存続と幸福をもたらそうとする社会、といいかえられるかもしれません。[22]

協同組合がこのような社会の建設を宣言したのは95年ICA声明においてですが、それは一つの到達点を表しているにすぎません。もともとは80年開催の第27回ICA大会（モスクワ）で承認されたA・F・レイドロー『西暦2000年における協同組合』のなかで、第4の優先分野として「協同組合地域社会の建設」を提唱したことがはじまりです。[23]

地域社会を構成するあらゆる種類の協同組合が連携しあいながら、地域社会の「保全者」となって、その地域に暮らす人々の「いのちとくらし」を守ることを第一の使命とし、さまざまな地域課題（困りごと）に当事者の立場で関与することによって、それまでの共益組織とは違ったユニークな事業体へと転換すべきことを提唱したのです。

確かに、協同組合が誕生し、発展していった最初の時代には、粗暴な資本主義に代わって、労働者や中小の事業者、市民（消費者）が組織する協同組合が支配的な社会をつくろうとする「協同組合主義」の考え方がひろい支持を集めていました。しかし、政府の財政出動により景気変動や雇用変動をできるかぎり抑えようとするマクロ経済政策の導入によって、粗暴な資本主義に修正が加えられるようになったこと、また他人の資本を使って経済を動かそうとする資本主義が、自分の資本を使って経済を動かそうとする協同組合主義を凌駕することが次第に明らかになったことなどにより、このような考え方をとる人は少なくなってきました。

　現在は、ジョルジュ・フォーケによって最初に提唱され[24]、その後「ペストフの三角形」によって模式化された「協同組合セクター論」に支持が集まるようになっています[25]。図1－1に示すように、ペストフの三角形では、協同組合を含むアソシエーション（ボランタ

図1－1　ペストフの三角形

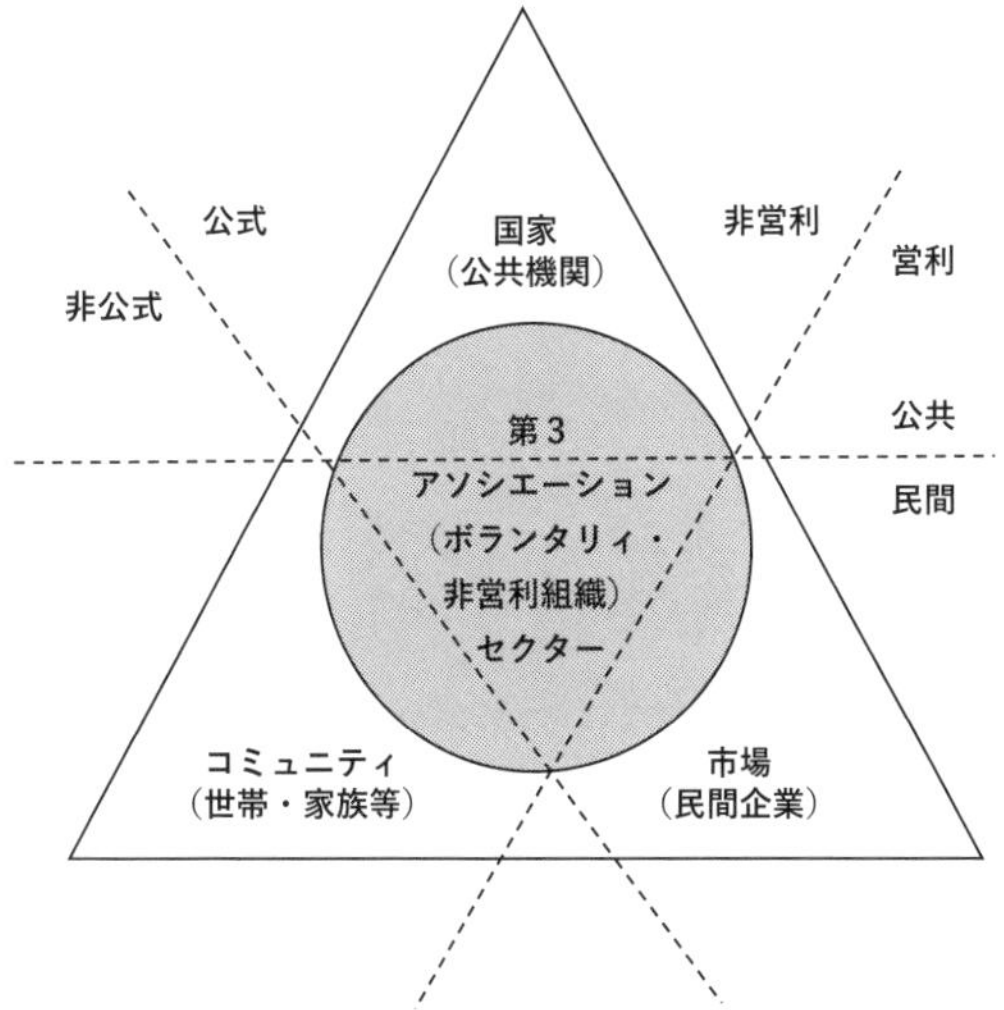

出典：ビクター・A・ペストフ『福祉社会と市民民主主義―協同組合と社会的企業の役割―』日本経済評論社、2000年10月、48頁より転載。

リィ・非営利組織）セクターは、国家（公共機関）、市場（民間企業）、コミュニティ（世帯・家族等）と並んで、私たちの経済社会になくてはならない存在として位置づけられています。

日本では、協同組合を含むアソシエーションセクターは「非営利・協同セクター」と呼ばれていますが、[26]その役割は、国家や市場の専横に対抗する、あるいは国家や市場の弊害を補正することにあります。これを別の言葉で表現すれば、平等を原理とする「国家」、自由を原理とする「市場」、友愛を原理とする「コミュニティ」の三者の中間領域にあって、平等、自由、友愛をバランスよく取り込んで自らの原理としているのがアソシエーションセクターということになります。

一橋大学の富沢賢治は、こうした考えのもと、「一九世紀は自由主義社会の構築をめざした世紀であり、資本主義形成の時代であった。二〇世紀は平等主義社会の構築をめざした世紀であり、社会主義の実験の時代であった。二一世紀は自由・平等・友愛のバランスのとれた社会をめざす世紀である」と述べています。[27]

それでは、以上のような協同組合セクター論のなかで、レイドローのいう「保全者」の役割とは、どのようなことをいうのでしょうか。これを考えてみたいと思います。

まず、「保全者」という言葉の意味についてですが、保全者とは、万物を創造した（絶対）神から、その万物にかかる管理・運営を信託（委託）された者という意味をもっています。英語ではフィデュシアリー（fiduciary）と呼ばれますが、フィデュシアリーに選任された者は、神から信託されたものを責任をもって管理・運営していくという責務があります。例えば、「地域社会」のフィデュシアリーとしての協同組合は、その地域に暮らす人々の「いのちとくらし」を守る責務があるとみなされるのです。

フィデュシアリーはだれでもよいというわけではありません。東京大学の故・宇沢弘文は、その著書『社会的共通資本』のなかで、社会的共通資本を「一つの国ないし特定の地域に住むすべての人々が、ゆたかな経済生活を営み、すぐれた文化を展開し、人間的に魅力ある社会を持続的、安定的に維持することを可能にするような社会的装置」と定義し、自然環境、社会的インフラストラクチャー、制度資本の3つからなると指摘しました。

自然環境は「土地、大気、土壌、水、森林、河川、海洋など」、社会的インフラストラクチャーは「道路、上下水道、公共的な交通機関、電力、通信施設など」、制度資本は「教育、医療、金融、司法、行政など」と説明されていますが、これらの社会的共通資本は、それぞれの分野における職業的専門家によって、専門的知見に基づき、職業的規律にしたがって管理、運営されなければならないと指摘しています[28]。

このフィデュシアリーの原則に基づけば、農業協同組合は土地を中心とする自然資源、水産業協同組合は河川・湖沼、海洋を中心とする自然資源、そして、森林組合は森林を中心とする自然資源を、職業的専門家として、専門的知見に基づいて、職業的規律にしたがって管理・運営していかなければならないことになります。

では、それ以外の協同組合、例えば、生活協同組合、協同金融組織、労働者協同組合にはどのような管理・運営の責務があるといえるでしょうか。この点について、福岡県協同組合促進懇話会（協同組合ふくおかネットワーク推進協議会の連携活動団体）の代表を務める横川洋は、協同組合ふくおかネットワーク推進協議会主催の講演会に講師として招かれた田中夏子（長野県高齢者生活協同組合理事長）の講演内容を引きつぐ形で、次のように述べています。[29]

田中がいう「市民が激しい攻防を経て得た、公害規制、環境保全、食品安全、医療・福祉などの（制度化された）社会的共有財産（＝コモンズ）は、宇沢がいう制度資本（社会的共通資本）のなかに含めることが可能である」としたうえで、

①協同金融組織（ろうきん）は、金融制度を管理運営する

②生活協同組合は、公害規制、環境保全、食品安全、医療・福祉を管理運営する

③労働者協同組合は、人と地域に必要な仕事をおこし、よい仕事をし、地域社会の主体者になる働き方を創造し、管理運営する

と述べています。

協同組合間連携にとって重要なことは、各種協同組合に課せられた「保全者」（＝フィデュ

シアリー）としての責務を、孤立させることなく、つなぎ合わせることによって、アソシエーションセクターに属する協同組合の価値をトータルに高めることにあると考えられます。

日本は世界のなかの「課題先進国」といわれています。[30] 高齢化と少子化、貧困と格差の拡大、都市の過密と地方の過疎、エネルギーや資源の欠乏、自然災害の多発、食料自給力の欠如など、数多くの課題を抱えており、これらの諸課題から逃げることなく、真正面に取り組んでいくことが、課題解決に向けての世界的なフロントランナーとなるための条件になっていると考えられます。

その前提として、日本社会が生き生きとしていなければならないのですが、なぜか元気がないようにみえるのは私だけでしょうか。みんなが自分の殻に閉じこもってしまい、よりよい未来をつくろうとする意欲が欠けているようにみえます。私自身の足元の暮らしをみつめても、かつてはあ

図1－2　アソシエーションセクター（非営利・協同セクター）の役割

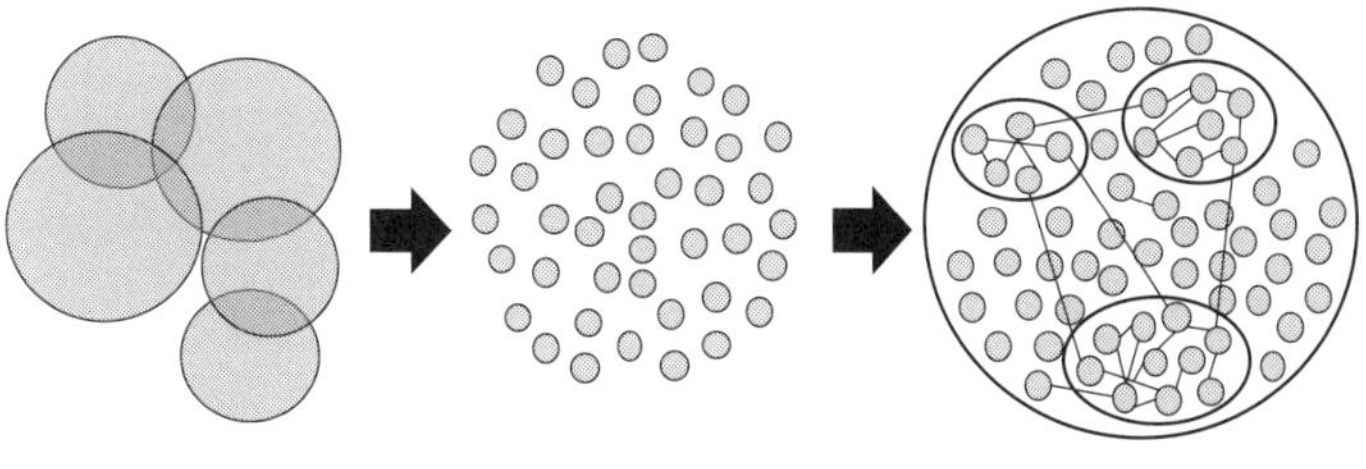

注：小宮山宏『課題先進国「日本」』中央公論新社、2007年9月の図（154頁）を、説明対象を変えて援用している。

ったお隣さんとの交流もほとんどなくなってしまいました。

だれもが、国家（政府）と市場（私企業）に対して、かつてはそうであったような信頼をおいていませんし、国家と大企業との癒着にも怒っています。と同時に、置き去りにされている弱者が数多くいることにも憂いています。ですから、なんとかしなければならないと思っているのは確かです。

図1－2に示すように、かつての日本には、だれもがそこにいれば安心できるような、帰属意識をもつ「集団」がありました。集落（村落共同体）、自治会、会社（職場）、労働組合、宗教団体、政党など、よるべき集団（中間団体）がありました（Aの状態）。しかし、現在は、そのいずれもが組織率（結集率）の低下に苦しんでいます。その理由は、各人の関心や生活が個別化し「ばらける個人」になってしまったからです（Bの状態）。私もその一人なのですが、年金生活者、とくに男性の年金生活者は、自らが積極的に求めないかぎり、配偶者を除くと、日常的な他者との交流・対話（コミュニケーション）は成り立たなくなっているように思われます。

こうした「ばらける個人」にとって、よるべき場所（居場所）なり、人と人とのネットワークはかけがえのないものとなっています。それも気の合う仲間、こころざしを同じくする仲間をとくに必要としています。よるべき場所、人と人とのネットワークは一つだけでは物足りません。数多くのよるべき場所、ネットワークをもっているということが、生き生きと暮らすための前提条件になっているといってよいでしょう（Cの状態）。

よるべき場所、人と人とのネットワークとして私が具体的にイメージできるのは、ドイツのフェライン（英語でいうアソシエーションに相当します）です。小さな基礎自治体にも何十というフェラインがあります。歴史的にいうと、協同組合もこのフェラインのなかから生まれてきました。ライフファイゼンが初期につくった福祉組合は、協同組合（ゲノッセンシャフト）ではなく、フェラインだったのです。(31)

フェラインの全国組織である「ドイツ・フェラインとフェライン連盟の協会」のリーダーたちは、「自由とか平等、博愛など、お金では得られないものが得られるということが結合の動機となっている」「協同組合という自助組織が、経済目的のために『固い結束』を求めるのであれば、フェラインという他助組織は、社会目的のために『緩やかな結合』を求める、といった対比が可能だ」「昔は国や基礎自治体の仕事であったかもしれない。しかし、いまはフェラインを使って自分たちが自分たちの仕事をしようよ」といういい方で、フェラインの特性を私に説明してくれました。(32)もちろん、フェラインも、協同組合も、ともにペストフがいう「アソシエーションセクター」、あるいは富沢がいう「非営利・協同セクター」のなかに含まれています。

アソシエーションとかフェラインとよく似た考え方を打ち出しているのが、思想家の柄谷行人です。柄谷のNAM（ニュー・アソシエーショニスト・ムーブメント）では、図1－2で示したBの状態（ばらける個人）をCの状態（つながる個人）へ転換していくことが、Aの状態（集団に帰属する個人）を揚棄（アウフヘーベン）することになるのだと論じています。[33]

柄谷は、NAMは「南無（任せる、帰依）」に通じるものであるとし、「アソシエーションによりどころをみつける運動」と説明しています。その意味するところは、NAMとは、共同体（ナショナリズム）、国家（国家主義）、市場（資本主義）とは別次元のアソシエーションという領域で新しい社会をつくることに真髄があると述べています。賀川の「神の国」論、レイドローの「協同組合地域社会の建設」論、ペストフの「アソシエーションセクター」論、宇沢の「社会的共通資本」論などとの共通点を数多くもっているように思われます。

わが国の協同組合セクターでは、「生協総研の『集いの館』構想」「ワーカーズコープの『みんなのおうち』」がNAMに相当していると思います。

5．協同組合間連携は「ゆるやか・あいのり・やってみる」から

協同組合は、組合員の活動から組合の事業を組み立てていくということのなかに、営利企業

にはみられないすぐれた特徴があります。協同組合間連携の場合も同じです。組合員の参加や利用を基本に、産消提携型、事業連携型、地域連携型、学習会・イベント型、災害支援型、人材育成型の連携づくりをすすめていく必要があります。

その場合に問題となるのは、目標達成に至るまでの道のりが長いこと、したがって、当面は費用だけがかかり、収益を生まないという現実が待っていることです。また、そのために現場の実践家にとってはなにか縁遠いものに映ってしまうという問題もあります。どんなにすばらしいアイデアであっても、短期間で成果が出てこないようだと、経営的にすぐに見捨てられてしまう危険性と隣り合わせです。

もう一つの問題は、組合員のなかで協同組合間連携に大きな意義を見いだすメンバーがどれだけいるだろうか、熱心なメンバーはいても、数が限られているのではないかということです。そのようななかで、協同組合間連携のためのプラットフォームづくりを掲げても、一部のメンバー、一部の職員だけを対象としたクローズドなプラットフォームになってしまい、プラットフォーム本来のオープン性を確保できないという危険性にもさらされています(34)。

さらに、もう一つの問題は、協同組合間連携を促進するための連携機構、とりわけ都道府県域の連携組織が、常設機関にはなっていないということです。ほんとうの現場は組合員や地域住民と直に接触する単位協同組合にあるわけですが、その単位協同組合が連携組織に加入している都道府県域はごく少数にとどまっています。そのために、学習会やイベントでの活発なコミュニケーションは、あったとしても、一時的なものに終わってしまう危険性があります。

しかし、そうした現実のなかで、組合員の参加や利用を促進するような協同組合間連携のすぐれた事例が数多く生まれているのも事実です。本書で取り上げる事例はいずれも、そうしたすぐれた実践の記録となっています。そして、そのすぐれた実践のなかから、「つながり」とか「ゆるやか・あいのり・やってみる」というキャッチコピーが生まれてきました。

「つながり」は、「ふれあい」という一時的、感覚的な関係性から、継続的、意識的な関係性へ転化したことを意味しています。「多様な人たちがつどい、つながり、それが蓄積されている」状態をつくることが、次なる「活動のつながり、人のつながり」を生みだす原動力となっていることを表しています[35]。

いっぽう、「ゆるやか・あいのり・やってみる」は、協同組合間連携のプラットフォームのありかたを的確に表現するキャッチコピーです。フェラインのように、「固い結束」ではなく「緩やかな結合」を求めるというなかで、人と人、組織と組織、あるいは人と組織の間で共有することのできる感情や行動をつくりだそうとしていることを表しています。

本章で述べてきたように、協同組合間連携は、協同組合にとって旧くて新しい課題です。立ち止まっているだけでは、新しい課題とはなりません。はじめの一歩を踏みだすことで、新しい課題となることを実感していかなければならないでしょう。

（石田正昭）

【注】

(1) 日本協同組合学会訳編『21世紀の協同組合原則―ICAアイデンティティ声明と宣言―』日本経済評論社、2000年12月、23頁。

(2) 日本協同組合学会訳編「前掲書」2000年、159頁。

(3) 田宮和史郎「JCA設立2年　課題と展望」『日本農業新聞』2020年5月23日号。

(4) 日本協同組合学会訳編「前掲書」2000年、24～25頁。

(5) この本で使われている「協同組合間提携」は、概念的にいってわれわれの「協同組合間連携」と同義であると理解している。同じように、協同組合原則で使われている「協同組合間の協同」も同義であると理解している。

(6) ベーク報告に関する議論については、白井厚監修・農林中金研究センター編『協同組合の基本的価値』家の光協会、1990年2月を参照されたい。

(7) 甲斐武至「協同組合間提携のめざすもの」協同組合経営研究所編『協同組合間提携の理論と実践』全国協同出版、1992年12月、5～8頁。

(8) 伊東勇夫は、協同組合間協同原則の淵源をロバート・オウエンの労働組合大連合（オウエニズムの大組合主義）に求めるとともに、労働組合と協同組合の大同団結のもとで、労働組合間の提携はもちろんのこと、労働者生産組合と消費組合、消費組合間の協同を強力に行うことを目指していたと述べている。このオウエニズムの影響を強く受けて、ロッチデール公正先駆者組合が設立されたことはよく知られている。詳しくは、伊東勇夫「協同組合間協同原則の淵源」伊東勇夫編著『協同組合間協同論』御茶の水書房、3～37頁を参照のこと。また、同書の第一篇「協同組合間協同論の形成と展開」は、66年「協同組合間協同」原則を中心に据えながら、オウエニズムの大組合主義からわが国産消提携論（農協・生協間協同）に至るまでの展開過程を詳しく論じている。

(9) 山本秋『日本生活協同組合運動史』日本評論社、1982年12月、149頁。

(10) 協同組合間提携推進事務局『協同組合間提携の戦略的展望』時潮社、1982年10月、16～19頁。

(11) 松本登久男『《増補版》協同組合原則と農業協同組合』全国協同出版、1972年12月、146〜165頁。

(12) 以上は、日本協同組合連携機構『2018事業年度版　協同組合統計表』2021年3月による。

(13) 農村産業組合の「産業組合主義」が、長閥官僚主導の国家主義的な協同組合であったことを示す一つの事例として、1926年3月6日にはじまる「産業組合記念日」の制定があげられる。3月6日は産業組合法の公布日に当たり、これを記念して設けられた。これに先立ち、産業組合中央会は23年10月に国際協同組合同盟（ICA）に加盟しているが、そのICAでは22年に7月第一土曜日を「国際協同組合デー」とすることを決め、23年から実施していた。ICAに加盟しても、それによる影響は小さかったことを示している。いっぽう、関東消費組合聯盟は、27年からICAにならって7月第一土曜日を国際協同組合デーとし、記念式典を開くようになった。このことから、同じ産業組合とはいえ、農村産業組合（産業組合主義）と労働者消費組合（協同組合主義）は思想的に分立していたことがうかがえる。ただし、当時のICAが消費組合運動によって支配されていた事情も加味することが必要であろう。

(14) 近藤康男は、「協同組合は資本主義経済に代わる新しい社会経済組織である、といういわゆる産業組合主義は、一つの標語としてしか響かない。なぜなら、現実の運動がそれによって導かれていないからである」と述べて、産業組合主義を厳しく批判した。流通過程の合理化はできても、そのことをもって資本主義の改革（独占利潤の節約）は期待できないと主張した。近藤康男『近藤康男著作集　第五巻』（『協同組合原論』高陽出版、1934年11月を所収）農山漁村文化協会、1974年10月、21〜23頁、27〜37頁。

(15) 沢村康は、産業組合中央会『産業組合』の1929年10月号において「産業組合法の根本的改正を論ず」と題して、千石興太郎が展開する産業組合中央会論（産業組合主義）への反論を展開した。産業組合設立の自由とともに、（種類別及び都道府県別）産業組合中央会設立の自由を主張した。いわゆる「産業組合中央会論争」と呼ばれるものがそれであるが、沢村の主張は、市街地信用組合の組合員の大部分は都市の中小商工業者であって、これらの者は商権擁護を叫び、反産運動を展開しているが、市街地信用組合は産業組合中央会の所属議員として反産運動に反対せざるをえない立場に追い込まれているというものである。同じような矛盾の関係は、生産者の立場の農村産業組合と消費者の立場の市街地消費組合との間でも起こっている。沢村のこのような批判に対して、産業組合中央会は、全国消費組合協会、全国市街地信用組合協会、全国医療利用組合協会、全国農村産業組合協会といった種類別の産業組合の団体を組織して、それぞれの性格に応じた活動を展開するようになった。

(16) 岩本吉輝は、仙台市における明治期の同業者産業組合と大正期の市街地産業組合の発展を詳しく論じている。岩本吉輝「現仙台市域における産業組合」農林中央金庫『農林金融』2007年5月号を参照のこと。
(17) 松尾匡『新しい左翼入門―相克の運動史は超えられるか』講談社、2012年7月、35頁。
(18) 山本秋「前掲書」1982年、142頁。
(19) 山本秋「前掲書」1982年、689~690頁。
(20) 小作層が組織する階級的協同組合は、購買、販売、消費などの産業組合的事業を行っていたが、その多くは産業組合法による登記を受けていなかった。そのなかで信用事業を行っていた木崎村相互信用購買組合（新潟県）、強戸村信用購買販売利用組合（群馬県）は、産業組合法による登記を受けた組合である。詳しくは、奥谷松治『日本農業協同組合史』全国農業出版株式会社、1961年3月、291~311頁。
(21) 稲垣久和『公共福祉とキリスト教』教文館、2012年4月、47~89頁。
(22) 賀川豊彦『友愛の政治経済学』（復刻版）コープ出版、2009年6月。
(23) A・F・レイドロー『西暦2000年における協同組合』日本生活協同組合連合会、1980年8月、142~148頁。
(24) ジョルジュ・フォーケ『協同組合セクター論』日本経済評論社、1991年12月、23~28頁。
(25) ビクター・A・ペストフ『福祉国家と市民民主主義―協同組合と社会的企業の役割―』日本経済評論社、2000年10月、48頁。
(26) 富沢賢治『非営利・協同入門』同時代社、1999年2月、11~31頁。
(27) 富沢賢治「前掲書」1999年、28頁。
(28) 宇沢弘文『社会的共通資本』岩波書店、2000年11月、20~24頁。
(29) 横川洋「協同組合の見方・とらえ方―『社会的共通資本』の管理運営者という理解は可能か?」福岡協同ネットワーク勉強会（レジュメ）、2019年8月20日。なお、横川がここで言及した田中のレジュメは、田中夏子「協同組合はコモンズの保全・創造とSDGs取り組みの宝庫」協同組合ふくおかネットワーク推進協議会講演会（レジュメ）、2019年7月16日。詳しくは、横川洋「協同組合界が全体として果たす社会的役割―田中夏子SDGs講演の『協同組合の役割』を拡張しICA2020で管理運営する」協同組合ふくおかネットワーク推進協議会『協同組合ふくおかネットワークニュース』第3号（2019年9月）および第4号（2020年3月）を参照のこと。
(30) 小宮山宏『「課題先進国」日本　キャッチアップからフロントランナーへ』中央公論新社、2007年9月、12~21頁。
(31) 石田正昭『ドイツ協同組合リポート　参加型民主主義―わが村は美しく―』全国共同出版、2011年5月、17~23頁。

2004年現在、フェラインは、ドイツ全体で、約55万団体、会員数約3千万人を擁し、その活動範囲は、スポーツ、休暇・レジャー、文化・音楽、学校・幼稚園、社会福祉、教会・宗教、職業上の利益活動、環境・動物愛護、政治上の利益活動、青少年・成人教育、地域雇用、消防団・救助組織など広範な分野に及んでいる。

(32) 石田正昭「前掲書」2011年、24〜30頁。

(33) 柄谷行人『ニュー・アソシエーショニスト宣言』作品社、2021年2月、71〜73頁、88〜90頁、126〜131頁など。

(34) プラットフォームが動くための条件を、民主主義と協同組合との関係で論じたものとして、松岡公明「協同組合とプラットフォーム―参加と民主主義―」日本共済協会『共済と保険』2015年2月号がある。

(35) 地域と協同の研究センター拡大顧問懇談会（野原敏雄・高橋正・水野隼人・田辺準也・八木憲一郎・橋本吉広）「設立から今、そして2040年へ」地域と協同の研究センター『「新しい市民社会」へ向かって』2020年7月、34〜36頁。

第2章 賀川豊彦と協同組合間連携論
―つながりのエキスパート―

1．つながりのエキスパート賀川豊彦

本章では、戦前から戦間期を経て戦後に至るまで日本の協同組合運動を先頭に立ってリードしてきた賀川豊彦について考えたいと思います。

生協運動に関わる方なら、賀川豊彦と聞くと、2021年に100周年を迎えたコープこうべの前身となる灘購買組合や神戸消費組合の創設への関わり、また戦後は日本生協連の初代会長として生協運動の発展に心血を注いだことなどを思い浮かべるのではないでしょうか。あるいは、1930年代に産業組合による全国運動にまで拡大した協同組合保険の実現に向けた取り組み、戦後の「日本の再建は生命共済から」で有名な揮毫《きごう》によって農協共済（現在のJA共済）の基盤を築くことになった姿をもって賀川の真骨頂と考える人もいるでしょう。

さらには、労働金庫運動や労働者共済運動をはじめとする、労働者自主福祉運動の源流にある思想を形づくった人物として賀川を遠望する人たちもいます。

さて、このようにいくつもの立場から評価されている賀川豊彦の実践を教科書的に描こうとすれば、初期のスラムにおける貧民救済から、労働運動を経て、農民運動、そして協同組合運動へというように、私たちの目には、彼の活動するフィールドが移動しているようにみえるのですが、果たしてそうでしょうか。

私は以前、連合総研の雑誌『ＤＩＯ』の「労働運動家とその思想─現代にどう活かすか」という特集において賀川豊彦について寄稿しました（２０１９年４月号）。そこでは、活躍の舞台を転々と〝移動していく人物〟としてではなく、むしろ多様なフィールドを〝つなぎ合わせていく人物〟として賀川を描こうとしました。社会運動家としての賀川豊彦からなにを学ぶのか、賀川の運動をどう現代に活かすのかという問いに対して、賀川を「人や運動をつなぐエキスパート」として描くことで答えたいと考えたのです。

少し硬い言葉になってしまいますが、賀川豊彦という人間に、彼が生きた同時代の人びとから大きく隔てる固有性・特異性を見いだそうとするのであれば、それは、地域や目的、イデオロギーなどによって個々に成立した多様な社会運動の間をつないでいくことで大きな社会変革を実現しようとした、連帯・連携への志向にあるのではないでしょうか。

本章では、賀川豊彦の連帯・連携の哲学をみなさんと共有していきたいと思います。その前にもう少し、賀川豊彦についてのこれまでの描かれ方について確認してみましょう。

少し時代をさかのぼることになりますが、今でも頻繁に引用されているジャーナリスト大宅壮一による賀川評に触れてみたいと思います。

明治、大正、昭和の三代を通じて、日本民族に最も大きな影響を与えた人物ベスト・テンを選んだ場合、そのなかに必ず入るのは賀川豊彦である。ベスト・スリーに入るかも知れない。西郷隆盛、伊藤博文、原敬、乃木希典、夏目漱石、西田幾多郎、湯川秀樹などと云う名前を思いつくままにあげて見ても、この人達の仕事の範囲はそう広くない。

そこへ行くと我が賀川豊彦は、その出発点であり、到達点でもある宗教の面はいうまでもなく、現在文化のあらゆる分野に、その影響力が及んでいる。大衆の生活に即した新しい政治運動、社会運動、組合運動、農民運動、協同組合運動など、およそ運動と名のつくものの大部分は、賀川豊彦に源を発していると云っても、決して云いすぎではない。

私が初めて先生の門をくぐったのは今から40数年前であるが、今の日本で、先生と正反対のような立場に立っているものの間にも、かつて先生の門をくぐったことのある人が数え切れない程いる。

近代日本を代表する人物として、自信と誇りをもって世界に推挙しうる者を一人あげようと云うことになれば、私は少しもためらうことなく、賀川豊彦の名をあげるであろう。かつての日本に出たことはないし、今後も再生産不可能と思われる人物——、それは賀川豊彦先生である。

（大宅壮一［1960］「噫々 賀川豊彦先生」）

大宅壮一が賀川を評価する点は、なにより仕事の範囲のひろさ・総合性です。なにかを成し遂げたという成果をみると、多くの偉人は特定の分野・領域において活躍した専門家として世の名声を得ているわけですが、賀川はそうではない、特定の領域ではなく「現代文化のあらゆる分野に影響をおよぼす」形で事を成した人間だと評価されています。政治運動、社会運動、農民運動、協同組合運動など、およそ運動と名のつくものの大部分は、賀川に源を発しているという大宅の表現は気宇壮大な印象を与えますが、まちがいとはいい切れない面もあります。

では、実際にはどうだったのでしょうか? 例えば、『日本史』の教科書で賀川について言及される場合は、杉山元治郎と行った日本農民組合の結成の事績があげられます。わが国における農民運動は、賀川や杉山がスタートさせたものではありません。日本農民組合が創設されるより以前、すでに農民運動は全国各地に存在していました。しかし、これらの運動の多くは失敗続きで、なかなか成果をあげることができていませんでした。そうしたなかで、賀川と杉山がはじめたのは、各地で生まれた農民運動を全国的に結集させるための組織化だったのです。小作争議という闘争方法は確立していましたが、地域における地主と小作の力関係を考えると、いくら横暴な地主であっても、小作農は十分に抵抗できる力をもっていませんでした。争議の当事者が地域内にとどまる限りは、当の小作側でも日和見を決め込む者や逆に地主側に加担する者が出てくるなど、小作・自小作農の強い団結が生まれづらい状態でした。日本農民組合は、各地の概況を全国に伝え、地域外からの応援団を味方につけることで、この闘争は正しいものだという認識を深め、内部の結束もいっそう強くさせることに成功しました。賀川と杉山が世の中に生み出したのは、正確にいえば農民運動ではなく、この全国結集による各地の農民運動の連帯と相互強化であったといえます。

労働運動における賀川もまた、ゼロから立ち上げた創立者とはいえません。１９１４年に鈴木文治ら15名が組織した労働者団体である友愛会が各地に支部連合会を立ち上げ全国的な団体へと拡大していくなかで賀川はこの運動に合流します。関西における運動の指導者として頭角を現した賀川は、１９１９年に発足したばかりの国際労働機関（ＩＬＯ）の理念を喧伝する役割を果たします。当時の日本は、産業化がすすむなかで、組織化された労働組合の必要性が高まっていました。しかし、各地に組織のひろがりを獲得しながらも、友愛会は共済・修養主義という設立以来の性格から抜けきることができず、悩ましい足ぶみ状態にありました。もちろん、労働者自身による互助的な組織が悪いわけではありません。しかし、内向きの団結だけではなく、外へと向かう力がなければ、労使間の課題は解決できません。この友愛会にあった内向きの性格を脱皮させ、国際標準の労働組合運動へと変貌させるうえで賀川が与えた影響はきわめて大きかったとされています。会費徴収による資金調達や、支部の再編、機関紙発行拡大によって広報機能を重視するなど、運動を拡大させながら安定的な財源を確保するために創意工夫したアイデアマンが賀川でした。内向きではなく、外向きの運動という場合、そのエネルギーが向かう先は、かならずしも「対資本家」だけではありません。いっぽうでは、新しい組合員を増やし、組織拡大すること、さらには自分たちの運動の意義や正当性を労働者以外の人びとの耳に届け、共感者を増やすことも大切になってきます。労働運動としての近代化をすすめた賀川の影響は関西ローカルから発しながらも、全国的にこの組織の性格を大きく変えていくことになります。

労働運動に賀川が与えた影響を確認すると、おもしろいことがわかります。ここでは、普通選挙運動（以下、普選運動）と農民運動という二つの補助線を引きながらみてみたいと思います。まず、大正デモクラシーの象徴的な運動でもある普選運動に対して、関東と関西の労働界では大きな路線の違いがありました。関東では、議会そのものに否定的なアナルコ・サンディカリズムが大きな勢力となっていたことや、組合の主流派においても、普選運動のような政治運動への共闘は組合のエネルギーを分散させる懸念があるとして、まずは内部の結束をはかることを重視する意見が強かったようです。こうした理由で、関東での普選運動と労働運動との間には互いに交わらない「冷めた関係」が成立していました。これに対して、賀川をリーダーとする普選期成関西労働同盟は積極的に普選運動を支援し、野党政治勢力との連携を強めていきます。関東で主流とされた職工・労働者といった属性による内部の凝集力を強めようという動きに対し、賀川はむしろ階層や職業といった属性にこだわらず、運動を外へ外へと横断的につなげていこうとしていたのです。運動の社会的認知を高めることは、かならずしも内部の分裂や力の分散につながるのではなく、むしろ、運動に携わる組合員たちを鼓舞し、孤立しない運動体となることで、社会からの支援や評価を得られることへとつながっていく。賀川たちはそう考えて、普選運動との「熱い関係」を求めていたのです。

大正デモクラシーに対する批判的評価の典型は、普通選挙運動を例にしてこの運動が中間上層（プチブル）の間にしかひろがらず、結果的には都市に住まう一部の知識人と大衆が遊離する形で浮足立った運動に終始するものであったというものです。しかし、関東ではそうであっても、賀川たちによる関西の運動は、階層横断的な運動でした。そして次のもうひとつの補助線が示すように、賀川は、都市と農村をつなぐ運動を組織化しようというビジョンをも併せもっていました。階層・地域横断的な運動を全国化することはきわめて難しいことですが、この視点で賀川の活動を描き直しますと、大正期にとどまらず戦後に至るまで一貫して彼がこの運動方針を提唱しつづけていることがわかります。

二つめの補助線は農民運動についてのものです。賀川の盟友である杉山元治郎が『農民組合運動史』（1960）で描いているように、日本の農民運動は、農村の小作農たちによる運動というだけではなく、無産政党運動との連携が強く、日本農民組合が組織化されて以降の全国化された農民運動においては、各地の小作争議に都市部の労働者たちが駆けつけ共闘をはかるという国際的にもきわめて特異な運動の展開がみられました。杉山自身は福島の小高教会を辞し、賀川を頼って大阪に逗留後まもなく日本農民組合の組合長に就くことになりますので、労働運動とのネットワークはもっぱら賀川によるものです。賀川は、杉山を実務トップに置きながら、ほかの運動との連携を強化することで日本農民組合の急速な発展を実現させたのです。

農民運動の例をもう一つあげてみたいと思います。日本の三大小作争議の一つとされる新潟県の木崎村小作争議において、賀川は若き日の大宅壮一などを連れて同地を訪れ、争議に関わる組合員の子弟による児童同盟休校を宣言、この地に遠征してきた多様な活動家とともに村内各所に教場を開き、授業を行います。この運動は、最終的に無産農民学校協会を発足させ賀川自身が会長となるほどまで発展します。小作問題は、単なる「地主―小作」の二者の間での問題ではなく、社会の構造的問題でもあるのです。小作農たちの結集を超えた運動のひろがりをつくりだすためには、役場や小学校教師なども含むこの地に住まうさまざまな人びとへも訴えかけなければなりません。当事者として地域住民を巻き込んでいく、小作問題を地域の課題として描き直していくことが、賀川がこの地で示した運動方針であったといえます。

こうした、労働運動、普選運動、農民運動の三者の関係や、地域の運動として多様な存在を巻き込もうという方針を確認するだけでも、賀川がいかに「運動をつなげていくこと」に長けた人物であったのかということがわかります。この節では、大宅壮一による賀川評価から議論をはじめました。彼の語る賀川の領域のひろさ、総合性はまちがいではありませんが、個々の運動の創設者として賀川を描くのは度のすぎた賀川贔屓になってしまいます。むしろ誇大に描かれた側面を刈り取っていくことでみえてくるのは、人や運動をつなぐエキスパートとしての賀川、あるいは連携のイノベーターとしての賀川像です。そして、この特徴こそ、現代に生きる私たちが賀川から学ぶうえで一番たいせつにすべきものではないでしょうか。

2. 対立を超える視点―賀川における社会化主義と社会の進化

人をつなぎ、運動をつないでいくことは想像以上に難しいことです。みなさんも社会運動(労働運動や学生運動が多く、協同組合運動がモデルとなることはきわめて珍しいのですが)を描いた小説、ドラマなどを目にされたことがあるかと思います。その多くは、権力とそれに抵抗する勢力、組織間さらには組織内の対立(内ゲバ)など、強烈な「対立」をモチーフにしています。しかし、私たちは日々の暮らしでこうした対立に巻き込まれることは稀ですし、現実に対立が生じても「まあまあ」と落としどころを探しはじめます。これが、社会運動を、私たちの生活とは違う、遠くの世界の出来事のように感じさせてもいます。

対立は、共通の課題をめぐって生まれるものですから、対立が生まれるということは実は、その基盤となる共通認識が対立する両者に分かちもたれているということを暗に示すものでもあります。社会運動における方針や戦略をめぐる対立は、同じ課題に向き合っているからこそ生じるのであり、なにがあろうと対立を避けるべきであるとは思いません。

重要なのは、対立の先になにをみようとするのかということです。より望ましい社会の建設に向かって現状を変革していこうと集まった人びとが、個々の意見やイデオロギーの違いによって分裂・対立していくことはどこの国・時代においても起こります。ただ、こうした膠着状態に陥った意見の違いを超えて連帯していこうという動きが次のステップを生み、対立以前にも増して社会を変えていく強い原動力となります。この点について、「イデオロギーを超えた連帯」という運動の姿勢が日本社会においてはきわめて脆弱であることを教えてくれたのは、松尾匡『新しい左翼入門―相克の運動史は超えられるか』（２０１２，講談社現代新書）でした。同書では、明治以来の近代日本の社会運動史が対立と相克をその特徴としていたこと、連帯しようとする運動が生まれる前に、次の分裂や対立が生まれてしまうという残念な歴史について、具体的に時代ごとの分裂する原因や意見対立の軸を示しながら説明してくれています。多くの国が同じような分裂に行き着くわけではなく、他国では最終的に諸運動の連帯を通して社会変革のブレークスルーが生まれるのにもかかわらず、日本においてはかならず分裂が新たな分裂を、対立が新たな対立を生むことで結果的にはなにも解決されないまま、新しい意匠で相変わらずの対立が続くというわけです。このままでは社会変革は生まれません。大きな社会課題が生まれた場合でも、意見が対立したまま前進することができず、結果的に問題が先送りされてきた結果が、今日の日本社会の惨状ではないでしょうか。対立の先に新しい道をつなぐこと、賀川豊彦はこれを目指していたのです。

前節では、大宅壮一の贔屓のすぎる賀川論に対し、具体的な事績を通して「引き算」をしながらより現実的な賀川像とそこから学ぶべきポイントについて考えてきました。本節では、前掲の松尾［２０１２］によりながら、対立を基調とする社会運動史のなかで逸脱的個性として描かれた賀川豊彦に触れつつ、その出典でもある隅谷三喜男『賀川豊彦』（１９６６）による賀川論にも収まりきらない賀川豊彦像を「足し算」として描いてみたいと思います。

松尾匡が論じる賀川豊彦は、肯定か否定かという軸で語られているわけではありません。急進派対穏健派という社会運動史の本流から外れたところで、ユニークな実践を続けた人物として描かれています。いっぽうで、賀川が労働運動から農民運動、無産政党運動、協同組合運動へと居場所を転々としたという描き方は、これまでの多くの論者と共通するものです。賀川がかかわったいずれの運動においても、そこから運動を離れることになった原因としてあげられているのは、運動が拡大するにつれて急進化する組合員を抑えきれなくなったためというものです。他方で、それでは松尾は単純に賀川を穏健派に位置づけるかというとそうでもなく、川崎・三菱のような戦前最大のストライキは賀川の指導あってのことだとし、大杉栄などと共通する賀川のラディカリズムについても言及しています。

賀川は「イエスの友大工生産協同組合」などの労働者自主管理事業体設立の音頭をとった

ようです。同じく先にあげた「神戸印刷工組合自治工場」は、賀川の右腕として川崎・三菱争議の総指揮を担った久留弘三が中心になって立ち上げたものです。さらにこの上に、農民組合、消費生協や医療生協、共済組合などの、勤労民衆による自治的な事業を、いずれもほぼゼロから作り上げているわけです。それは、生産から流通、医療や資金の手当に至るまで、資本や国家に支配されるのではない、民衆が自分たちで自治的に運営するネットワーク経済を作り上げようという志向だと言えます。

（松尾匡、同上）

引用部の直前では、一般的に労使協調派と語られる賀川豊彦の実践が、アナボル論争を経て消滅したアナルコ・サンディカリズムの闘争方針に引き寄せて論じられています。賀川は、川崎三菱争議では工場管理を闘争方針として鮮明にしていましたし、労働者自身で事業を立ち上げ工場を経営しようというアイデアは、友愛会に関わる以前から神戸の貧民窟ではじめられていたものでもありました。松尾も言及するように、賀川が当初より思い描いていたのは、人びとの自治・協同を基礎としたネットワーク型の経済空間だったということができます。そう考えると、そもそも賀川の活躍は労働運動にとどまっていられるはずがありません。

賀川が構想する経済社会においては、労働者のエンパワーメントはもちろん、それと同等以上に生活者・消費者のエンパワーメントが不可欠となります。『主観経済の原理』などの初期の作品群をみても、議会制度の基礎に「生産者議会」と「消費者議会」が対等に配置されています。人びとの暮らしを「再生産の価値」としてしっかりと捉え、たいせつにしていました。これらは、賀川が貧民窟で学んだものでもあります。スラムの住民は、かならずしも労働を嫌悪する怠惰な者たちばかりではありません。賀川は、汗を流して働き、それなりの収入を得ながらも、一晩の呑み代に消えてしまうような浪費癖や、貯蓄・家計のことが考えられないために、いつまでたってもこの地から抜け出せない家庭をたくさんみてきたのです。そのうえで、彼ら一人ひとりがよりよい暮らしむきを得られ、平和な社会を構築するためにはなにが必要なのか、考えぬくなかで賀川の思想は磨かれていきました。前節で触れたように、賀川はいっぽうでは欧米の労働運動の最先端の議論を日本へと移植するような能力にも秀でていましたが、頭で学ぶだけではなく、それ以上にスラムで貧者の友として暮らしつづける体験を通して人間存在の本質に迫ろうとしていたことが、彼のユニークな社会構想の土壌となっていたのです。

賀川は社会主義という言い方を嫌い、自分の主張は「社会化主義」だという。「私はギルド・ソシアリズムの論者だとされて居るが、私自身としては動的人格的社会化主義の論者で有って、社会性の進化によって社会を向上せしめやうと考へて居るものにしか外なら無い」（賀川豊彦『主観経済の原理』：全集⑨２５５頁）と。社会化とは「社会性の進化」である。

社会性の進化により人は誰でも生産者であると共に消費者であることに気づく。人の生活という視点から見れば、「一人の労働者は生産者としての権利と消費者としての権利を共に受ける」。そこで賀川の目指す社会がどのようなものによって組織されるかというと、それはギルドとしての「生産（者）組合」と「消費（者）組合」である。この社会化主義に基づく社会改革理念を「社会連帯の新理想主義」と賀川は呼んだ。

（松野尾［２００８］「賀川豊彦の経済観と協同組合構想」）

賀川本人が示した「動的人格的社会化主義」という舌を噛みそうな語彙は平明なものではありません。ただし、社会主義に対して「社会化主義」という言葉を対置することで訴えたかったことは明らかです。それは次のようなものではないでしょうか。「働くときも、食べるときも私たちは生きているかぎり、独りで存在するのではなく社会のなかにあり、責任あるその担い手のひとりなのだ」。松尾匡が賀川に類似する特徴を読み取ろうとしたサンディカリズムは、労働者による工場自治を希求する場面では賀川の構想に近いものでしたが、暴力闘争としての直接行動主義は賀川が旨とするものではありませんし、すでに触れましたように、議会制度の廃棄というアナルコ・サンディカリズムも賀川と相容れない方針です。いっぽうで、賀川にとっての社会とは標準的な社会主義がいわんとするものではなく、目の前にひろがる日々の暮らし、それを営むための人びとの結合体のことを指しています。

社会を豊かにし、そこに住まう人びとを幸福にするのは、ただひとつ「社会性の道徳的進化」に拠るのだという賀川の思想は、急進化した運動家たちが唱えるプロレタリアート独裁（無産者専制）の道を通して実現されるものではありません。国家（社会）を打ち壊して作り直すという主張は、賀川が批判する唯物論＝社会の機械化という思想を土台にしています。賀川にとって社会はそれを構成する〝人びとの間に〟存在するものであり、そもそも打ち壊すような対象ではないのです。暴力革命は、人格と結びついて進化する社会という賀川の社会イメージとはほど遠いものでした。松野尾裕の引用が示すように、賀川が求めたのは「社会連帯の新理想主義」でした。次節では、この賀川の社会連帯論について考えてみたいと思います。

3. 賀川の社会連帯論（1）―社会全酬権

賀川の唱えた「社会連帯の新理想主義」とは具体的にどのようなものでしょうか。賀川は前述の主著『主観経済の原理』において、マルクス主義といかに違うのかを強調しながらその鍵となる概念でもある社会化主義について説明しています。マルクス主義が「中央集権、官僚化、分配主義」を目指すのであれば、対する社会化主義は「各部調整、自由結社、創造主義」を求めます。無産者専制に対して社会連帯、社会の機械化に対して、社会の自由進化、永遠の革命主義に対して心理的進化主義……、と20項目にわたる対比を通して読み取ることができるのは、社会の権力は偏在してはならないという分権主義、対立や闘争を通してではなく、立場の異なる者の間での相互理解を深める学びを通して人が成長し社会も成長するという進化主義、前衛／後衛の区分や階級的専制が存在しない、万人が参加する社会運営といった特徴です。それでは、無産者専制（プロレタリアート独裁）に対置された社会連帯という言葉を通して賀川はなにをいいたかったのでしょうか。

労働運動の最前線で活躍していた時期、賀川が提唱した独自の概念の一つに「社会全酬権」というものがあります。古典とされる隅谷三喜男『賀川豊彦』や前掲の松尾匡でも、賀川が労働運動で主張したのは素朴な「労働全酬権」にすぎないという誤解によって見落とされているのですが、賀川自身は、社会全酬に向けた労働全酬権の揚棄《ようき》をこそ社会進化の目標の一つに置いていたのです。そして、この社会全酬へと向けた格闘のなかで、相互扶助と交換をつなぐもの——松尾がいうネットワーク経済——として消費組合の必要性も示されています。

それは人類における相互扶助の精神が交換の自由の根本基礎であることを知るからである。すなわち多く生産し得るものは、その個人的労働全酬権を揚棄して人類のためにこれを提供するのである。……我らが相互扶助の精神を捨て、利得を中心とした交換を行おうとする時には、交換の自由というものは決して行われるものではない。交換の自由は愛と平和と好意をもって……行われるのである。それで、今日欧米に発達しつつある消費組合なるものは、必ずしも理想的の組織ではないが、我らが理想的の世界に到達するためにはぜひ踏まねばならぬ道筋である。

（『全集』⑨：284−285頁）

賀川は、右に引用した『主観経済の原理』において、全酬権という考えがいかに発生してきたのかを、古代までさかのぼる人類史的視点で描き直しています。太古の人びとは自ら耕し自ら織ることで自己全酬の世界に生きることができましたが、相互扶助が発展することにより、共同体内の無酬労働が生まれてきます。共同体の成員のために汗をかくことは対価を得るものではなくごく当然の行為であったのです。さらに社会が進歩して産業組織が生まれ、賃金制度が組み入れられることで、労働全酬が問題となります。労働者は彼らが生み出したさまざまな価値の対価としていくらかの賃金を得ますので無酬では決してありませんが、全酬（利益のすべて）を得ることもありません。労働全酬権は、こうした状況を資本家による搾取と捉え、自らが生み出した価値はそれを生み出した当人にすべて帰属することが正当であるとするものです。そして、労働者の団結は、資本家から本来の分け前を奪い返すために行われるものだという論理に帰着します。

　賀川の語る社会連帯思想は、これとは異なります。この全酬権をめぐって、賀川は二つの社会主義の立場があるといいます。

　第1系：　利己的社会主義↓全酬権説↓自己完成↓生存権獲得
　第2系：　他愛的社会主義（社会化主義）↓生存権説↓社会奉仕↓全酬権揚棄

　賀川によれば、第1系のものは唯物論的社会主義、第2系は賀川のオリジナルな思想である唯心論的社会主義（社会化主義）に立脚するものです。利己的社会主義の「自分が生み出したものは自分のものである」という論理から導かれる労働全酬権の帰結は、私的所有という内向きの自己完成によって生存権を獲得するにすぎませんし、それ自体、いつ奪い取られるかもしれない危険と背中合わせのものです。いっぽうの他愛的社会主義が賀川の立場であり、まずもって生存権が確保されたうえで、自らが生み出した価値は、私有されるのではなく社会に向けて送り届けられるものだとされます。

　生存権の獲得を最終目的とするのか、あるいは、社会全酬として自らの生み出したものを気前よく社会に向けて提供できるような奉仕的精神に満たされた社会を求めるのか。個人の全酬権も集団の全酬権もともに揚棄するというのは賀川らしい主張ですが、同時に、あまりに理想主義的ではないかという批判も甘んじて受け入れなければなりません。いっぽうで、賀川が他愛的社会主義としている第2系では、生存権がすみやかに確保されています。なぜでしょうか。賀川は、相互扶助や助け合いというものが基盤となった社会であるなら、個々人や集団は、自らの生存権をわれ先にと奪い合うのではなく、分かち合いを通して実質的に充足される生存権を頼りに、よりよい社会の建設（社会の自由進化）に向けて励むであろうと考えたのです。

社会化すべきものが社会化せず、労働および生命が社会経済の価値の全部を発生していることがわかってくれれば、労働全酬権そのものまでも社会化して、個人的にはこれを揚棄し、サンディカリズムのごとく生産者のみの全酬権（すなわち集団の全酬権獲得）を主張せず、すべて生命あるものに生命権（生存権と人格権を併せて）を認めて社会奉仕の精神を十分明らかにし、そのうえで個人的意思表示と自己完成に必要なる応酬と私用財産を認めさえすればそれでよいと思うのである。

（『全集』⑨：313頁）

賀川の社会全酬権論は、生産者と消費者の、集団と集団の、国と国との連帯意識が前提となっています。自由な交換は、買い手である消費者同士での連帯はもちろん、売り手と買い手の間にも、売り手となる生産者や労働者同士の間にも相互扶助の精神が行きわたってこそ実現できるのだと賀川は考えました。賀川が消費組合づくりに熱心に取り組んだのは、労働運動や農民運動から離れたからではありません。むしろ、個々の運動が発展するとともに、それらの運動の間に橋を架け、相互の交流を活発にさせることこそが彼のいう「社会連帯の新理想主義」の実現にとって最も必要なことだったからなのです。労働運動や農民運動という生産者の運動は、かならずそのカウンターパートとしての消費者の運動を必要とします。それこそが、後年の賀川が協同組合運動に注力した理由でもあり、道半ばではありましたが、多岐にわたる分野の協同組合事業は各々に発展し、現在にまで引き継がれることになりました。

4．賀川の社会連帯論（2）—補修的連帯意識

賀川の社会連帯論についてもう少し考えてみたいと思います。戦後、雑誌『世界国家』の1952年8月号に書かれた「世界平和と三重の連帯意識」において、賀川は世界平和の実現のためには、有機的連帯意識、歴史的連帯意識、補修的連帯意識の3つの連帯意識が必要であると主張しています（『全集』⑩：427‐428頁）。有機的連帯意識は、一つの集団（家族や民族）が生き残るうえで必要とされる連帯意識です。歴史的連帯意識とは、次世代に向けた特

定の集団に限定されない世代間の連帯意識といいかえられています。賀川は「一時代一局部における労働全酬権を主張するならば、歴史的連帯性は成立しない」と、ここでも労働全酬権に言及しています。そして、「交通の発達、通信連絡の進歩、文化交流、経済組織の複雑化等によって、世界連帯意識が客観的に釘づけされる」ことで、ようやく戦争の可能性は潰え平和な社会が生まれるといいます。ただ、そこには、もう一つの連帯意識が不可欠であると断じています。それが「補修的連帯意識」です。前述の第2系の他愛的社会主義の精神とも響き合うものですが、補修的連帯意識とは、「人間の弱点を、強き者、働く者が、喜んで補修していこうという」犠牲的精神です。賀川は犠牲的精神という言葉をよく用いますが、違和感を感じられるようなら、〝見返りを求めずにほかの人のために汗を流そうという行為〟くらいの意味で捉えてください。社会には他人に依存しないでは存在できない命もあります。その典型が幼児であり、病者です。補修的連帯意識がまったくないのであれば、その社会の存立は適いません。今日は健康でも、明日は寝床から起き上がれなくなるかもしれません。老いもまた、すべての人間に例外なくやってくるものです。

1919年に著された『労働者崇拝論』では、次のようにいっています。「労働者が、階級闘争のほかに、社会問題の解決はないと考えることには絶対反対である。社会はすべてのものが連帯責任で行かなければならぬ。全人類の解放は、愛と犠牲と協同の精神を外にしてやって行かれるものではない」（『全集』⑩：16頁）。すべての者の連帯には、支えられる者をもまた仲間として等しく遇する姿勢が、なによりもたいせつになってきます。

有機的連帯意識も歴史的連帯意識もそのままでは、労働全酬権がそうであるように、自己完結的な内向きの連帯しか生みません。共通目的のために集う連帯を超えた、他者を積極的に支えていこうという連帯が生まれなければ、結局世界連邦のような構想は実現しないのだと賀川は述べています。

賀川の社会連帯論は、渡米伝道のさいに立ち寄ったロチェスター大学で行った4回の講演の記録として出版された『Brotherhood Economics』［1936］（加山久夫・石部公男訳『友愛の政治経済学』、2009、コープ出版）においても遺憾なく展開されています。とりわけ、同書の紙面の半分ほどが、協同組合についての議論にあてられていることも協同組合関係者にとっては示唆的かもしれません。1930年代当時、世界中を巻き込んだ大恐慌から経済を再建するための処方箋として賀川はアメリカ国民に〝協同組合の道〟を提唱しました。有名なケインズの『一般理論』が刊行されたのも、『Brotherhood Economics』と同じ1936年です。結局、アメリカはニューディール政策で経済回復をすすめますが、その後に続くのは、総力戦体制を特徴として多くの民間人の命をも奪った第二次世界大戦の悲劇でした。周知のとおり、1930年代後半からの日本の歴史もまた同じく賀川の道ではなく、最期にはこのアメリカまでも敵国とする長い戦争へと突入するのです。

話を戻しますと、同書において賀川は、近代の協同組合運動とは、人びとの相互依存や協同を原理としながらも、中世のギルドがもっていたような仲間うちの助け合いを超えた、コミュニティ全体へとひろがるものだと述べています。

近代の協同組合は、単一の組織のなかに、一定の社会集団のすべての人びとを包含しようとするものではない。そのような単一の組織は、いずれは機能し難くなるであろう。協同組合というものは、ある財貨に対する共通の要求、職業の類似性、あるいは地理的な近さといった、なんらかの繋がりをもとにして組織される、小さな自発的なグループからはじまる。そして、このような小さなグループが、今度は、地域連合を構成していく。これから全国的な連合、そして国際的な協同組合同盟が結成されてくるのである。

（『友愛の政治経済学』88頁）

重要なのは、組合員の相互扶助からコミュニティ全体、さらには世界大にまでひろがっていくという外部に向けたベクトルについての指摘、もう一つは、ごく限定された機能の組合が互いに連携しあうことで地域的、全国的、国際的な関係を構築していくという点です。

まず、ギルド的相互扶助から、メンバー以外も住まうコミュニティ全体へと向かう近代協同組合の特徴は、これまでみてきた賀川の社会連帯論では、犠牲的精神の発現として描かれています。共通のニーズの下に集った仲間たちの相互扶助は当然として、支えを求める者があれば、仲間ではなくともすすんでそれを引き受けようとするのが、「キリスト教的友愛の経済実践」である近代協同組合のありかただとされます。賀川は、協同組合運動は精神運動であり、それは愛と友愛（隣人愛）の理想に合致していると述べています。近代協同組合のもつ他者へと開かれた性格を理解するカギは、「友（隣人）とは、だれのことか」という問いに隠されています。新約聖書にある有名な「善きサマリア人の喩え」が描くように、イエスの語る友・隣人とは、同じ信仰を共有する者のことではありません。共同体の成員であるかどうかといった属性ではなく、友になろうとする姿勢を示した者こそが友といえるのです。賀川において、近代協同組合が友愛の理想に合致しているとした（あるいは合致させようとした）理由は、助け合いの実践を成員ではない他者に向けて行う姿勢をそこに認めたからだといえましょう。逆にいえば、因習的な内向きの共同体の外で、自発的な相互扶助が生まれるとすれば、そこには〝お互いさま〟を超えた他愛的精神・奉仕的実践が必要とされるのです。

さて、今日のわが国における協同組合は、かならずしも賀川が理想とした姿とはなっていません。石田正昭「今後の総合ＪＡにおける共済事業の方向性」（『共済総合研究』81号、２０２０）は、賀川が希求する「外に開かれた相互扶助」に向けて、「内に閉じられた相互扶助」をいかに接近させるのかという問題意識から、協同組合変革の可能性を検討しています。「外へと開かれた相互扶助」は、個々人の間、そして組織・事業体の間の連帯を築くための足がかりであり、そのなかでも補修的な連帯意識に基づく、友＝隣人になろうとする姿勢こそがたいせつな視点だと思います。いいかえれば、自己完結的な目的から脱却し、他者へと向けられた親切が自らへと返ってくる単純な互酬制ではなく、新たな別の他者に向けられた親切として受け渡されることで、社会全体を進化させる〝ペイ・フォワード〟の精神、親切のバトンに具現されるような連帯意識こそが今後の協同組合運動、さらには協同組合間連携の進展においては不可欠な要素なのではないでしょうか。

もうひとつ、協同組合はあらゆる機能を包摂するようなものではなく、複数の協同組合が縦横につながることで、よりいっそうその力を発揮するのだという賀川の協同組合観は、協同組合間連携を考える本書においてもきわめて示唆的なものだと思われます。〝Brotherhood Economics〟では、協同組合が中心となっていますが、これまで述べてきたように、賀川の構想は、協同組合間の連携はもとより、そこで完結するものではなく、労働運動や農民運動など、人びとを組織化するあらゆる運動がつながることで万人が連帯できる社会（社会連帯の新理想主義）を求めるものでした。最後に、次節では賀川の協同組合間連携論の実験として最大の取り組みともいえる、日本協同組合同盟に触れながら結びとしたいと思います。

5．日本協同組合同盟―協同組合ナショナル・センターによる日本再建論

これまで多くの賀川豊彦伝が記されてきましたが、横山春一や黒田四郎、武藤富男のような賀川の身近にあった同労者による〝体験的賀川論〟と、面識の有無は別として歴史家・研究者等による第三者的な〝分析的賀川論〟との間には決定的に違っている部分があります。前者は賀川の八面六臂の活躍を連続的に描き、個々の実践をその諸側面としてみる傾向があるのに対し、後者の作品群では、「労働運動→農民運動→協同組合運動」というように、賀川が転々と実践の場を移動させているように描かれています。

賀川の身近な同労者として運動に参画した人びとの筆による賀川像が、共通して巨人として彼を描き、神格化してしまうという傾向をもっていることは否めませんが、他方で史資料を読み込むことで賀川を客観的に描こうという人びとは、賀川豊彦本人がどう考えていたかを正面から検証しようとするのではなく、史実である労働運動の敗北や、日本農民組合の分裂といった具体的事象を中心に賀川を編み直すことで、無自覚に「消極的な理由によるフィールドの移

動」を強調しすぎているように感じられます。「労働運動も農民運動も協同組合運動までも」という途方もない賀川像を打ち消そうとするあまり「労働運動の時期／農民運動の時期／協同組合運動の時期」という時期区分を行うことで、客観的な賀川豊彦像を描けるかのような錯覚に陥っているのかもしれません。しかし、ほんとうにその2つの賀川像しかないのでしょうか。「労働運動から農民を経て協同組合へと追いやられていく賀川」という消極的な撤退をもって彼がさまざまなフィールドに関わったことを説明づけてよいのでしょうか。本章で描いたのは、巨大な賀川でも、消極的な賀川でもなく、労働運動も農民運動も、協同組合運動も等しくその発展を願い、あわよくば各々の運動の間に橋を架けることを構想した「つながりのエキスパート」としての賀川豊彦です。

賀川が行った運動の間に橋を架ける実践のなかでも最大級のものが、オール協同組合で1945年11月に結成された日本協同組合同盟（以下、日協同盟）でした。日協同盟は、終戦の焼け野原で食糧の配給もままならない都市住民の混乱を背景として、消費組合系の人びとが中心になってこの問題の解決のために創設を試みたものでしたが、旧産業組合を引き継ぐ農業会や全国漁業会なども連携して全国の食糧問題解消へと向けて尽力することになりました。消費組合はもちろん、協同組合保険運動などを通して戦前から積極的に産業中央会にも関わりをもっていた賀川豊彦を会長、農民運動のほか秋田県における消費組合や医療組合創設に尽力した鈴木真洲雄を委員長に、多様な団体を代表して集まってきた60名余の中央委員をもってスタートした日協同盟は、粘り強い運動を通して荷受権・配給権を獲得し、農産品や魚介類の流通ルート確保や、生協の設立支援・相談や全国の連携窓口としての機能も果たすことになります。

いっぽうで、当初期待されていた包括的な協同組合法は、農協法や水協法など単独法の政府起草が先行したことで、諦めざるをえなくなります。結果として、1948年10月に消費生活協同組合法が施行され、同時に旧産業組合法は廃止となります。すでにこの段階で農協や漁協は各々の組織化をすすめ、賀川たちの描いたオール協同組合の構想は蹉跌《さてつ》してしまいますが、1946年5月の食糧メーデーなどでは、協同組合陣営とともに、労働組合や農民組合、婦人団体などもあいのりする形で食糧民主化の運動が展開されるなど、きわめて横断的な連帯が生まれることもありました。

1951年3月の決議により、日協同盟は、現在の日本生活協同組合連合会へと継承されることになります。いっぽうでその前々年にあたる1949年に発足した労務者用物資対策中央連絡協議会（中央物対協）は、複数の労働組合ナショナルセンターと生協組織が連携した運動を展開し、これが1951年の全国労働金庫協会や57年の全国労働者共済生活協同組合連合会（労済連、現在のこくみん共済COOP〈全労済〉）設立につながります。

賀川は、生産・消費・信用・販売・共済・保険・利用の7種の協同組合を内蔵になぞらえながら、「7種組合が体のそれぞれのごとくよく結合統治される」ことでこの運動が全体として躍進し、社会協同体の道徳的結合となることを日本再建の道として期待しました（『協同組合の理論と実際』103－4頁）。しかし、現在もその夢は十分に達成されたとはいえません。

本章では、ひとつの運動ではなく、複数の運動をつないでいくことに社会連帯の新しい理想主義をみた「つながりのエキスパート」として賀川豊彦を描いてきました。運動においては「対立」が問題となりますが、私たちの眼前にひろがる現実は、そもそもの対立の機会さえ奪われてしまった「分断社会」という、さらに深刻な問題を生んでいます。連帯は対立の止揚だけではなく、相互の無関心や分断を克服するうえでも必要とされる姿勢です。この点についてはあまり言及することができませんでしたが、連帯・連携について考えることは、分断社会への処方箋を示すことにも関わってきます。後続の各章で議論されている連携の事例は、まさにこうした具体的な眼の前の課題と格闘しています。これらについても個別の課題解決としてだけではなく、その奥にある社会構想も同時に思い描きながら読みすすめていただければと思います。

（伊丹　謙太郎）

【参考文献】

〔1〕石田正昭「今後の総合JAにおける共済事業の方向性」『共済総合研究』81号、JA共済総合研究所、2020年。
〔2〕大宅壮一「噫々　賀川豊彦先生」田中芳三編『神はわが牧者―賀川豊彦の生涯とその事業』クリスチャン・グラフ社、1960年。
〔3〕賀川豊彦『賀川豊彦全集』キリスト新聞社、1962～64年。
〔4〕『友愛の政治経済学』賀川豊彦著、加山久夫・石部公男訳、コープ出版、1936→1937＝2009年。
〔5〕賀川豊彦『協同組合の理論と実際』コープ出版、1946→2012年。
〔6〕黒田四郎『私の賀川豊彦研究』キリスト新聞社、1983年。
〔7〕隅谷三喜男『賀川豊彦』岩波現代文庫、1966→2011年。
〔8〕農民組合史刊行会編『農民組合運動史』日刊農業新聞社、1960年。
〔9〕松尾尊兊『大正デモクラシー』岩波書店同時代ライブラリー、1974→1994年。
〔10〕松尾匡『新しい左翼入門－相克の運動史は超えられるか』講談社現代新書、2012年。
〔11〕松野尾裕「賀川豊彦の経済観と協同組合構想」『地域創生研究年報』3号、愛媛大学地域創生研究センター、2008年。
〔12〕三宅正一『激動期の日本社会運動史－賀川豊彦・麻生久・浅沼稲次郎の軌跡』現代評論社、1973年。
〔13〕武藤富男『評伝　賀川豊彦』キリスト新聞社、1981年。
〔14〕山本秋『日本生活協同組合運動史』日本評論社、1982年。

第3章 戦後日本における協同組合間連携の歴史

本章では、戦後日本における協同組合間連携の歴史を概観します。「協同組合間連携」は、異種の協同組合間の連携の意味で用いることとし、意味が明らかな場合には、協同組合間連携の代わりに「連携」を用います。

1．1940年代後半――日協による協同組合間連携の動き

（1）日協による協同組合大同団結の動き

1945年11月、日本協同組合同盟（日協）が設立されました。[1] その創立方針大綱に「全日本の協同組合運動者及団体の緊密なる同志的結合を求め以て新生日本の全階層に亘り強力なる協同組合運動を展開し更に協同組合に依る国際的結合の理想世界の実現を目的とする」[2] と掲げ、各種協同組合、それを超える団体や人々の大同団結を目指した日協は、その存在自体が、戦後の異種協同組合間連携の嚆矢《こうし》といえます。

日協の創立総会の決議の一つ「食糧難打開に関する決議」は、「生産農民と消費者の代表による食糧難打開の協議会を提唱する」とし、この協議会の活動項目の一つに、「協同組合による消費者の組織的共同購入運動と農村協同組合による生産農民の出荷活動が相互の提携によって組織的に行われるよう運動するとともに、その際の物価規定については両者が協議決定することによって無秩序な取引を打破すること」[3]を掲げました。後の生協と農漁協の産直につながる観点も含まれているといえます。おそらくこの決議を受けてのことと筆者は推測しますが、1945年11月に全国農業会・中央水産会・日協による「生産消費直結中央委員会」が設置されました。ただし、「この時はまだ生協も組織化されておらず、これは具体化しなかった」[4]。

日協は、協同組合法制が分野ごとの立法の形で進行し始めたこと、日協設立の中心が生協関係者であったことなどがあり、1946年6月の臨時総会で、事実上、生協の指導組織であることを明確にし[5]、日協を通じた異種協同組合間連携の動きは終了しました。その後、日協は1950年総会で、名称を「日本生活協同組合同盟」に変更するとともに、生協法に基づく全国指導連合会としての「日本生活協同組合連合会」の設立を決定しました[6]。1951年3月19日日協は解散し、翌3月20日に日本生活協同組合連合会（略称「日協連」）。1971年に略称を「日生協」に変更）が設立されました[7]。

（2）運動における連携

日協による協同組合の大同団結はならなかったものの、戦後1940年代に取り組まれた協同組合への課税に反対する運動には多くの協同組合関係団体が参加しました(8)。また、1949年の国際協同組合デーにおいては、（すでに生協の指導組織となっていた）日協と農協の共催で記念行事が行われており(9)、こうした運動における連携がこの時期に取り組まれています。

2. 1950年代——国民運動における連携、産直における連携の萌芽

（1）1940年代から続く運動における連携

1950年からの朝鮮戦争に伴う特需が生まれ、1955年から日本は高度経済成長期に入ります。この時期には、労働運動、安保条約改定反対運動、原水爆禁止運動、物価値上げへの反対運動など、さまざまな国民的運動が展開されました。

1940年代からの協同組合の税制に関する取り組みに続き、1953年には法人税免除国会請願が取り組まれました(10)。また、寡占化した乳業メーカーによる牛乳価格値上げに反対する運動は、1954年に生産者と消費者の双方から起こりました(11)。1959年に全国消団連主導で取り組まれた新聞代値上げ反対運動には、生協、農協婦人部が労組とともに参加しています(12)。

1960年代に入りますが、1961年には日協連婦人部・主婦連・地婦連・農婦協による「物価値上げ反対・婦人大会」と「エプロンデモ」が実施されました。[13]

こうした運動面での協同組合間連携がこの時代の特徴です。

(2) 産直の萌芽

事業面での連携も生まれました。前述の牛乳価格値上げ反対運動のなかから、酪農民と直結して牛乳の供給を行う消費者団体や生協の取り組みが生まれ(10円牛乳)、1955年には全酪連と日協連の連携のもと、恒常的な牛乳の産直事業が東京や神奈川で始まり、消費者団体がこれを機に生協を設立する動きも起きます。[14] 1956年には灘神戸生協と柏原町農協(兵庫県)との間で卵の産直が開始されています。[15]

このように、1960年代から協同組合間連携の主要な潮流となる、産直における協同組合間連携の萌芽がこの時代に生まれています。

なお、「産直」の語は、一般に「産地直結・産地直送・産地直売などの略。生鮮食料品や特産品を通常の販売経路を通さず、消費者が生産者と直接取引すること」[16]とされており、本稿ではこの一般的な産直の定義にのっとり、消費者・生産者の両サイドが協同組合であるケースを、「産直における協同組合間連携」「産直における連携」、あるいは、使われた当時の表現にしたがって「協同組合間提携」「提携」などの語で表現します。

(3) 全国段階での連携体制のスタート

この時代には、日協連の設立(1951年)、日協連および全国農業協同組合中央会(全中)の前身である全国指導農業協同組合連合会のICA復帰(1952年)、全中の設立(1954年)など、戦後日本の協同組合運動の体制が整備されるとともに、協同組合経営研究所の設立(1952)、日本協同組合連絡協議会(JJC。設立時の構成団体は全中・全漁連・日協連)の発足(1956)など、全国段階での異種協同組合間の連携の体制も生まれました。

3. 1960年代——産直における連携の発生

1960年代は、生協と農漁協との農畜産物や水産物の取引を中心とする、産直における協同組合間連携の発生期といえます。

(1) 全国各地での産直の発生

1960年代前半から、単協間の産直の事例が各地で見られるようになります。1963年に鶴岡生協と近郊5農協の共販組織である藤島酪農組合との牛乳の産直[17]、1964年に灘神戸生協と愛媛県経済連との間の牛肉の産直[18]がスタートし、畜産物を中心に初期の産直における連携が生まれています。

1960年代後半に入ると、適正な価格、安全性、鮮度、食味等を求める消費者運動がひろがり、主婦層を中心とする地域生協が各地で生まれてくるいっぽう、農協・農業者の側でも価格安定、流通経費節減、高付加価値化などを目指して新たな流通チャネル開拓へのニーズが高まり、産直における連携がひろがります。角田市農協と宮城学校生協（大根、曲がりキュウリなど）[19]、余目農協婦人部と鶴岡生協（餅）[20]、市民生協（札幌）とホクレン（卵）[21]の協同組合間提携はいずれも1969年のスタートです。また、生協と漁協の連携として、1968年には市民生協（北海道）が北海道漁連と道産魚類の提携を開始し[22]、同じ頃に東北ブロック7生協が白銀漁協（青森県）と水産物の提携を開始しました[23]。

なお、産直以外でも、1969年には、前橋医療生協が、永明農協（群馬県）から会場提供を受けて永明農協管内の老人の検診を行うという両者の連携が行われました[24]。

（2）全国組織が関わる連携の開始

全国組織間の取引も生まれ、1967年には全酪連と日協連が「良質な牛乳を適正な価格で、消費者に大量供給することを通して、消費者・酪農民双方の生活と営農に寄与し、日本の酪農業の自主的発展の基礎づくりをめざす」とする「諒解事項」を確認しました[25]。また同年、全国販売農業協同組合連合会（全販連。1972年に全国購買農業協同組合連合会〔全購連〕と合併し全農となる）・日協連が瓶缶食品の基本契約を締結しました[26]。

1968年には全販連が埼玉県戸田市に東京生鮮食品集配センターを開設し、首都圏の生協への青果物の販売を開始しました。1969年から1973年にかけて、同センターの青果物取扱実績は22億円から100億円へと増加し、そのうち首都圏の生協への販売高は3億円から11億円へと急増し、生協の青果物へのニーズに応えました[27]。

（3）原則改訂と連携の機運

1966年にICAの協同組合原則の改訂が行われ、「協同組合間協同」の原則が新たに加わり、日本での異種協同組合間の連携の機運が生まれたと思われます。

協同組合経営研究所が1967年3月に開催した第1回研究総会では、15本の報告のうち5本が農協・漁協・生協の提携についてのものでした[28]。また、同研究所は同年7月に「協同組合の生活活動と農協・漁協・生協の提携―北阿萬農協と灘神戸生協の実践に学ぶ―」[29]をテーマに協同組合地方研究集会を開催しています[30]。

都道府県段階でも、1969年に協同組合経営研究所群馬支部および栃木支部が県農協中央会・連合会・単位農協、県生協連・単位生協を母体として発足し、県内異種協同組合間提携に関する集会などを開催しています。(31)

4．1970年代―産直における連携の拡大

1970年代は、各地で市民生協の設立が続くなか、1960年代に生まれてきた産直における連携が、物価上昇・食の安全性への懸念といった状況のなかで、さらに各地にひろがっていくとともに、全国段階の動き、都道府県段階の動きも活発になる時期で、産直における連携の拡大期といえます。

(1) 各地での産直のひろがり

1970年には、角田市農協と宮城県民生協・宮城学校生協（豚肉・鶏卵）(32)、鶴岡生協と鶴岡農協（野菜・野菜加工品・果実）(33)、市民生協（北海道）と知覧農協・夕張農協・幕別農協（青果物）(34)の間でそれぞれ提携がスタートしました。また同年、永明農協からの卵の共同購入を母体として前橋市民生協が設立されました。(35)1971年には遊佐町農協（山形県）と生活クラブ

生協の提携（米）がスタートします。[36]１９７２年に下郷農協の「労農牛乳」の共同購入（１９６２年にスタート）グループを母体とした北九州市民生協の設立がなされます。[37]また同年、中札内村農協がクミアイ・マーケットを引き継ぐ生協を設立しました。[38]新潟経済連が１９７１年に着手した生協づくりから、１９７３年に新潟県民生協が設立されました。[39]１９７３年には、館林市農協と桐生中央生協の産直がはじまっていますが、これは協同組合経営研究所県支部における交流が契機となったとのことです。[40]１９７４年には、都民生協と置戸農協（北海道）（牛肉）、[41]１９７６年には京都府漁連といずみ生協（かまぼこの開発・供給）[42]の提携がはじまっています。

（2）全国組織が関わる連携の強化

全国段階では、１９７０年に全酪連と日生協が提携して生協牛乳を開発しました。[43]１９７１年に全購連が打ち出したＡコープ構想に対し生協側から批判が出されるなど事業上の競合も生じるなか、１９７２年、事業面・組織面での提携進展と競合関係発生を背景に、日生協と全農の「提携強化に関する覚書」が締結されました。[44]そこで「提携具体化の方向」として第一に掲げられたのが「全農による大消費地における農産物を中心とした集配機能の整備拡充と日生協による積極的な協力と利用」でした。このほかに、店舗展開の事前調整・計画的配置・協力などが合意されています。[45]翌1973年には全農が全農大和生鮮食品集配センターを開設し、同センターを通した首都圏の生協との直接取引を開始しました。[46]

(3) 全国的な推進の開始

全中は、1970年の第12回全国農協大会で決定された「生活基本構想―農村生活の課題と農協の対策―」において「協同組合間協同と関係諸団体、諸機関との提携強化」を打ち出しました。[47]

1973年、全中と日生協が全国的な協同組合間連携の推進に着手します。まず1973年に両者が協同組合間提携に関する事例調査を開始し、[48]1974年に「協同組合間提携に関する調査事例集(全中・日生協の合同調査結果)」を取りまとめました。[49]1974年には全中と日生協が「協同組合間提携研究会」を設置し、6月から10月にかけ5回の研究会を開催します。[50]研究会の議論を踏まえて1975年、協同組合間提携現地研究集会が全中・日生協の主催により群馬県伊香保で初めて開催されました。[51]1970年代最後となる1979年の研究集会は、主催者の協同組合間提携推進事務局(全中・日生協・全漁連・全農で当時構成)[52]に対し、1980年代の協同組合間提携のありかたについての取りまとめを要請します。[53]

（4）県域での推進体制

１９７０年代は、各県で協同組合間連携の推進体制が生まれはじめた時期でもあります。１９６９年の群馬・栃木の協同組合経営研究所県支部の発足をその先駆けとしつつ、１９７１年に「長野県協同組合協議会」が発足し[54]、さらに岩手県（１９７４年）、鹿児島県（１９７５年）で県域の協議会が発足しました[55]。

5．１９８０年代—連携による地域づくりが課題に

（1）１９８０年代を通じた協同組合間連携の取り組みの進展

１９８０年代には、協同組合間連携に関していくつかの方針文書が取りまとめられましたが、それについては（2）（3）で触れることとし、まずはこの時代の協同組合間連携の取り組みを全国段階・都道府県段階の動きを中心にみておきます。

１９８０年代、協同組合間連携推進の機運は続きます。１９７５年にスタートした協同組合間提携の研究集会は、１９８９年までほぼ毎年開催されていきます[56]。

全国組織間の協定締結も行われます。１９８３年には全農と日生協が１９７２年締結の「提携強化に関する覚書」を更改締結し[57]、１９８５年には全漁連と日生協が「提携推進に関する基

本覚書」[58]、全酪連と日生協が「提携に関する覚書」をそれぞれ締結しました[59]。1988年には、全漁連・日生協の覚書の具体化として「協同水産流通株式会社」が設立されています[60]。

新たな動きとして、日生協は1983年、地域生協を対象に「生協の食料品・産直の取り組みと食糧問題に関する調査」を実施し、この調査は以降「全国産直調査」として4年ごとに実施されていきます。83・87・91年の第1～3回の調査では、80年代の青果物供給高・産直供給高の伸長がみられました[61]。また、日生協は1985年に第1回全国産直研究会を開催し（1989年の第5回から「全国産直研究交流会」に名称変更）[62]、以降現在までほぼ毎年継続して実施しています。

都道府県段階での協議会等の設立も、佐賀県・埼玉県（1983年）、秋田県・兵庫県・広島県・福島県（1984年）、北海道（1985年）、さらに、神奈川県・宮城県（1986年）、大分県（1987年）、山形県・新潟県（1988年）、千葉県・茨城県（1989年）と続きます[63]。

（2）〝産直における連携の徹底〟を目指した1980年代前半

1979年の研究集会で、1980年代の協同組合間提携のありかたについての取りまとめを要請された協同組合間提携推進事務局（全中・日生協・全漁連・全農）は、1980年・1

981年の2回の研究集会での検討を経て、「1980年代の協同組合間提携の方向」（以下「80方向」）を1981年5月に取りまとめました。(64)「80方向」は、「80年代における協同組合間提携の意義」をこう述べます。

資本の論理の貫いている現在の流通に対し、人間不在の流通組織・機能を見直し、生産者と消費者が、相互理解のうえに双方の共通するメリットを確保するため、生産・流通・消費をつなぐ望ましい制度や態様を樹立してゆくことにある。この目標を達成してゆくためには、協同組合陣営の連帯をさらに強め、協同組合間提携によって、生産から消費に至る一貫したシステムをつくりあげることを展望しなければならない。(65)

「そのためにも」「点的な展開を面的な展開への流通方式を編み出していくことが課題」としたうえで、「80方向」は以下を掲げました。(66) すなわち、①生産者と消費者を結ぶ太い生産・流通方式の確立、県段階での地域内流通の強化、②農業、漁業と健康な食生活を創造する運動の展開、③消費者活動・消費者組織の強化・発展をはかるため、商品共同開発、共同仕入れ、店舗運営技術の共同研究・開発、人材相互養成、商品検査など共同事業の追求、④以上をすすめるため全国段階に協同組合間提携推進会議を置き、各県に共同委員会（仮称）の組織化を目指すとともに、推進会議を将来的には常設のセンターとするため具体策を検討。

ここでは、地域内流通、生産者の農漁業と消費者の食生活を支え合う運動、消費生活関連事業での共同事業の追求など、それまでの産直における連携を超える内容も見られ、これは1980年代後半に打ち出される〝協同組合地域社会の建設〟を予感させるものですが、基調はあくまでも「生産から消費に至る一貫したシステム」づくり、すなわち、〝産直における連携の徹底〟といえるでしょう。

(3)〝協同組合間連携による地域づくり〟が目標に掲げられた1980年代後半

ア.「協同組合間提携推進対策――1980年代後期の運動課題と実践方向――」

1975年にスタートした研究集会の第10回に当たる1985年の研究集会において、提携推進事務局は、80年代の提携の展開に当たり「より具体的な推進課題と到達目標のガイドラインおよび推進体制を明らかにしたもの」として「協同組合間提携推進対策――1980年代後期の運動課題と実践方向――」(以下「80後期」)を発表しました。[67]

「80後期」は、「農畜水産物輸入自由化圧力の増大、農畜水産物需給の不均衡と食料自給率の大幅低下、食料品の生産・流通における寡占化の進行および食品の安全性・品質低下に伴う国民(生産者・消費者)の健康状態の悪化等いずれをとっても協同組合間提携を柱にして、全国

民的に解決を迫られている困難」とし、「提携の長期的到達目標」として「協同組合地域社会の建設」を掲げました。(68)

これは、１９８０年ＩＣＡモスクワ大会のレイドロー報告の第４優先分野を受けたもので、「このレイドロウ報告は、我々がこれまですすめてきた協同組合間提携が、生産者と消費者の信頼関係を積み上げ、協同組合間の商取引を越えて、協同組合による地域社会を建設することに到達目標を置くべきことを示唆している」と「80後期」は述べています。(69)「協同組合地域社会の建設」は、「協同組合による地域づくり」といいかえることができるでしょう。

そして、「80後期」は「推進対策」として、生産者と消費者の相互理解、地域内流通、健康をめざし風土に合った食生活を定着させる運動、健康で文化的な地域社会を目指す協同活動、農畜水産物流通提携事業、消費生活提携事業などを掲げました。(70)

イ．「21世紀を展望した90年代の協同組合間提携の課題と方向（素案）」

４年後の１９８９年の第14回協同組合間提携全国研究集会では、提携推進事務局が「21世紀を展望した90年代の協同組合間提携の課題と方向（素案）」を提起しました（以下「90素案」）。「90年代の環境変化の見通しの上にたって、新たな情勢に対応した今後の提携の課題と方向を明らかにすることが求められる」なかで、協同組合間提携推進事務局会議が、検討素案として取りまとめたものです。[71]

「90素案」は、「90年代の提携をめぐる新たな環境」として、国際化の進展、規制緩和、東京一極集中、消費の多様化、高齢化、情報技術の革新、食料自給率低下、国民生活における不安の増大、地球規模での環境問題などをあげました。[72]「80後期」での情勢認識からはかなり変化し、今日まで継続する内容がこの時期に表れてきたことがわかります。

こうした情勢把握のうえで、「90素案」は、90年代は「富と所得の公平な分配をめざす協同組合運動の価値が高まり、世界各国の協同組合と連帯して人間本位の経済運営への転換をめざすことが大きな課題となろう」として、そのための力量をもつために「協同組合同志の提携がより一層強化されねばならない」と述べます。[73]

こうした認識に立ち「90素案」は、最終章「6．90年代における提携の課題と対策」の冒頭で次のように述べ、「80後期」が掲げた「協同組合地域社会の建設」の有効性を確認しています。

80年代の提携は、協同組合地域社会の建設を基本目標にしつつ、生産者と消費者を結ぶ生産・流通方式の確立、そのための具体的な展開課題として地域内流通の強化、風土にあった食生活の推進、消費生活面における事業の共同化等を中心課題として取り組んできた。これらの課題は、なお今日においても妥当であり、その重要性は増している。[74]

続いて「90素案」は、「90年代を通じ、我々が協同組合間提携によって取り組むべき新たな課題と対策」として、①食料問題の共有化と農・漁業の再建をめざす運動（産直の拡大、生産者・消費者の交流に基づく食料・農漁業問題についての合意づくり、健康を目指し風土にあった食生活運動、等）、②地域経済の活性化をめざす運動（地場産直、都市と農漁村の交流、ふるさとおこし、くらしやすい地域づくり、等）、③健康で文化的な地域社会づくりをめざす運動（環境問題、平和問題、高齢化社会での福祉の問題、教育・文化活動、等）を打ち出しました。(75)

以上のように、1980年代前半の〝産直における協同組合間連携の徹底〟という方向を越え、レイドロー報告に示唆を受けながら、産直だけにとどまらない〝協同組合間連携による地域づくり〟を目指すべき方向として示したことが、1980年代後半の協同組合間連携における課題認識の特徴といえます。

6．1990年代・2000年代—連携による地域づくり

1990年代に入っても各県の提携推進協議会等の設立は続きます。[76] しかしながら、全国研究集会は1992年の第15回以降は開催されておらず、1990年代に入って協同組合間連携の動きは、少なくとも全国段階では勢いを失ったように見えます。1990年頃から2010年頃まで、協同組合間連携に関する全国的な方針文書も出されていません。

この時代の協同組合間連携はどんな状況だったのでしょうか。日本生協連の「全国生協産直調査報告書」や、協同組合経営研究所が発行する『協同組合経営研究月報』（以下『月報』）、季刊として2003年4月から同誌を引き継いだ『協同組合経営研究誌にじ』（以下『にじ』）の各号などの資料をみていくと次のような点を指摘できます。

・1990年代に入っての協同組合間連携の〝停滞〟を指摘する資料があります。[77] 生協の協同組合間連携からの離脱を懸念する農協からの声や生協からの価格引き下げ要求の強まり、生産者と消費者の「不協和音」「交流の停滞」など現場での不調を指摘するものもありますが、全国段階での協同組合間連携の停滞を指摘するものもあります。[78]

・いっぽう、日本生協連の「全国生協産直調査」をみると、1990年代の3回の調査（対象年度：1990・1994・1998年度）を通じて会員生協の産直事業高は増加していきます。[79] 食の安全・安心をめぐるいくつかの事件があったあとの第6回調査（対象年度：200

2年度）では、回答する生協の側の、産直の範囲を限定的にみる動き等により産直事業高はいったん半分程度に縮小しますが[80]、その後の調査（対象年度：2006・2010年度）では再び増加し、2010年度は、産直供給高が2756億円となります[81]（その後2013年度に微減〔ただし、全食品の供給高に占める産直供給高は、14・9％↓16・0％と増加〕するものの、2017年度は増加します）[82]。

・協同組合間連携の事例は継続して『月報』『にじ』に掲載されています。産直の事例が多いいっぽう、そこから発展する事例、別の分野で取り組まれる事例なども紹介されています。

・産直から発展した事例として、『月報』『にじ』では例えば次のような事例が紹介されています。ともに地域の経済・社会・環境の発展や保全を目指す事例[83]、産地の農産物全体についての総合的な産直に取り組む事例[84]、生協組合員が産直先の農作業に参加する事例[85]、農協の生活購買における生協との連携に発展する事例[86]、さまざまな協同組合を巻き込んで住民主体の地域づくりを目指す事例[87]。

・産直とは別の分野で取り組まれる事例としては例えば、次のような取り組みがみられます。協同組合間連携で環境保全に取り組む事例[88]、農協と漁協で老人福祉施設の建設を行った事例[89]、生協のなかから労働者協同組合が生まれ両者が連携する事例[90]。

以上を踏まえると、1990年代・2000年代の20年間は、「全国組織における協同組合間連携の機運は１９９０年代に入り衰えた。しかし、経済の全般的な停滞のもと協同組合の経営も厳しいなかではあったが、各地域で協同組合間連携は継続して取り組まれてきた。その内容をみると、産直における連携をベースとしながら、地域づくりを視野に入れた取り組みが多様な形で生まれてきた」、そのような時代として概括できると思います。１９８０年代後半に協同組合間連携の長期的な目標として示された「協同組合間連携による地域づくり」は、この20年間に着々とすすめられてきた、と考えることができます。

7．２０１０年代――国際協同組合年を契機とする協同組合間連携への注目と進展

２０１０年代は、１９９０年代からの各地域における協同組合間連携の歩みが２０１２年の国際協同組合年（ＩＹＣ）を契機とした協同組合間連携の機運のもとで注目され、地域・県域・全国域での連携がすすんだ時期といえます。

(1) 全国段階の取り組み(91)

ア．ＩＹＣ全国実行委員会の取り組み

２００９年12月、国連総会が２０１２年を「国際協同組合年」（ＩＹＣ）とすることを宣言

しました。日本のＩＣＡ会員（当時12団体）からなるＪＪＣは、ＩＹＣに主体的・積極的に取り組むことが必要との認識で一致し、ＪＪＣに加盟していない協同組合組織にも幅広く呼びかけ、２０１０年８月、「協同組合の価値や協同組合が現代社会で果たしている役割等について広く国民に認知されるように取り組みを行うとともに、協同組合運動を促進させる取り組みを行うこと」を目的に「２０１２国際協同組合年全国実行委員会」（以下「ＩＹＣ全国実行委」）を、設立しました。

ＩＹＣ全国実行委は、活動の基本目標を、①社会・経済に対する協同組合の貢献についての認知度の向上、②協同組合の発展、③協同組合政策・制度の整備、④東日本大震災からの復旧・復興とし、なかでも①を最も重視して、２０１０年から２０１２年にかけ、広報資材の作成・普及、記念イベントの開催、地域貢献コンテスト実施、ウェブサイトでの情報発信、学習交流会の開催、各協同組合の東日本大震災からの復旧・復興に向けた取り組みの情報共有などを行いました。

また、協同組合憲章草案の決定（２０１２年１月）と憲章制定を求める政府への働きかけ、協同組合全体を貫く政策の考え方・方針の明示の政府への働きかけなどを行い、憲章の政府決定は実現しなかったものの、政府広報オンラインで政府の協同組合政策に関する基本的な考え方と方針が示されました。

都道府県段階でも、44都道府県で実行委員会が組織され、対外的な情報発信、学習の場の設定、協同組合間連携による新たな取り組みが実施されました。

このようにＩＹＣ全国実行委は大きな成果をあげましたが、その掲げた目的の達成のためには継続した取り組みが必要であると総括し、２０１３年３月22日に自らの決定に基づき解散しました。

イ．ＩＹＣ全国実行委を引き継ぐ取り組み

ＩＹＣ全国実行委に参加していた協同組合全国組織21団体は、その成果を引き継ぎ、さらに発展させるため、２０１３年5月9日に「国際協同組合年記念協同組合全国協議会」（略称「ＩＹＣ記念全国協議会」）を発足させました。この時点で新たに3団体を迎え24団体でのスタートでした。

ＩＹＣ記念全国協議会は、協同組合法制度に関する学習、協同組合教育の拡大の取り組み、協同労働の協同組合の法制度整備などに関する学習交流会、東日本大震災被災地への支援隊、大学の協同組合論講座への協力、国際協同組合デー記念中央集会の開催、ウェブサイトでの情報発信などに、会員団体有志が各活動の事務局を担う形で取り組みました。

協議会の設置期間は２０１６年３月までの約３年間でしたが、２０１６年３月の総会で３年

間の継続を決定しました。2016年4月からは、従来の取り組みを継続しながら、新たな情報発信手法について検討・実施する「情報発信チーム」が会員団体有志により組織され、イベント出展や広報資材の作成などを行いました。

さらに3年後の2019年3月の総会では、その活動を2018年4月に誕生した日本協同組合連携機構（JCA）に引き継ぐことを決定しました。この決定に基づき2019年7月10日、IYC記念全国協議会はその活動をJCAに引き継ぐとともに、同協議会で培われた幅ひろい協同組合の交流・意見交換の場としての機能は、新たに設けられた「協同組合フォーラム」が担うことになりました。

会員団体の参加と分担を基本とした6年間強の同協議会の活動を通じ、協同組合全国組織間の理解と交流は大きく深まりました。

ウ．日本協同組合連携機構（JCA）の発足

こうした全国組織間の理解と交流の深まりのなか、日本のICA会員団体で組織するJJCでは、持続可能な社会づくりに向けた協同組合の役割発揮が国際機関などから期待されながら、日本政府による農協改革の動きが2014年から起こってきたことに危機感を持ち、日本の協同組合間連携の質をさらに高めていくための検討を2016年10月から約1年半かけて行いました。検討を踏まえ2018年4月1日、一般社団法人JC総研を法人格の母体として、一般社団法人日本協同組合連携機構（JCA）が発足しました。JCAは設立趣意書で「持続可能な地域のよりよいくらし・仕事づくり」に取り組むとし、それぞれの地域での持続可能な地域づくりに向けて、協同組合間連携をすすめていくことを明確にしました。JCAは、JJCの活動の引き継ぎを含め、協同組合間連携の促進、協同組合に関する政策提言・広報、協同組合に関する教育・調査・研究等を行うこととしました。JJC加盟団体は基本的にJCAの第1号会員（一般社団法人の社員）に移行しました。さまざまな分野の協同組合をひろく会員とする全国段階の組織が、戦後すぐの日協以来約70年ぶりに発足したことになります。

本稿執筆時、JCAは第4年度である2021年度に入り、2021年3月に決定したJCA2030ビジョン「協同をひろげて、日本を変える―『学ぶ』と『つながる』プラットフォームとして―」およびビジョン実現のための第1期の中期計画（2021~2023年度）に基づき事業をすすめています。

（2）都道府県域の協同組合連携組織の動き

各種協同組合の県域組織等を構成団体とする県域の協同組合連携組織は、本稿執筆時点で42県域において組織されており、[92] その設立年次は1970年代3組織、1980年代6組織、1

990年代11組織、2000年代3組織、2010年代16組織、2020年代2組織となっています。2010年代設立の16組織のうち7組織がIYC翌年の2013年に設立されており、県域のIYC実行委員会の後継組織として立ち上がった組織が多いことが推測されます。

多くの県域で国際協同組合デーをはじめさまざまなイベント、学習会が実施されていますが、それ以外の取り組みはそれほど多くはありません。JCAでは2021〜2023年度中期計画に基づき、県域の取り組みを一歩すすめるための「地域の課題を話し合うラウンドテーブル」の開催を各県域組織に提起しています。

県域組織の最近の動きとして、①コロナ禍での困窮する大学生などへの食料支援の取り組み、②SDGsをテーマとする取り組み、③県内の地域単位での協同組合間連携をすすめる動き[93]、④協同組合以外の非営利組織を会員に迎える動き、などがみられます。

(3) 地域における協同組合間連携

各地で取り組まれている協同組合間連携については、本書の5章において多様な事例を紹介していくことになります。1990年代・2000年代を通じてすすめられてきた〝協同組合間連携による地域づくり〟が、IYCを契機として注目され、さらに進展し、今日の多様な取り組みの展開に至っているということができます[94]。

(前田健喜)

【注】

(1) 日生協創立50周年記念歴史編纂委員会2002〔34〕、88頁。
(2) 日本生活協同組合連合会2002〔36〕、資料01－1－2－02。
(3) 日本生活協同組合連合会2002〔36〕、資料01－1－2－03。
(4) 日生協創立50周年記念歴史編纂委員会2002〔34〕、92－93頁。
(5) 日生協創立50周年記念歴史編纂委員会2002〔34〕、92頁。
(6) 日生協創立50周年記念歴史編纂委員会2002〔34〕、138頁。
(7) 日生協創立50周年記念歴史編纂委員会2002〔34〕、139頁。
(8) 日生協創立50周年記念歴史編纂委員会2002〔34〕、134－135頁、377頁。
(9) 協同組合間提携推進事務局1982〔9〕、16頁。
(10) 協同組合間提携推進事務局1982〔9〕、16頁。
(11) 日生協創立50周年記念歴史編纂委員会2002〔34〕、146頁。
(12) 日生協創立50周年記念歴史編纂委員会2002〔34〕、219－223頁。
(13) 協同組合間提携推進事務局1982〔9〕、16頁。ただし、「日協婦人部」の語は、日生協創立50周年記念歴史編纂委員会2002〔34〕、192－193頁による。
(14) 日生協創立50周年記念歴史編纂委員会2002〔34〕、146－147頁。
(15) 協同組合間提携推進事務局1982〔9〕、159頁。
(16) 新村1991〔33〕、1077頁。
(17) 伊東1982〔3〕、217－218頁。
(18) 協同組合間提携推進事務局1982〔9〕、159頁。
(19) 全国農業協同組合中央会・日本生活協同組合連合会1974〔27〕、15頁。
(20) 全国農業協同組合中央会・日本生活協同組合連合会1974〔27〕、30頁。なお、鶴岡生協をその前身とする共立社生協の工藤博司氏は「余目町農協との提携が進んでいます。1962年からお餅を作っていただいています」と話している（工藤1994〔15〕、29頁）。
(21) 協同組合間提携推進事務局1982〔9〕、80頁。

(22) 協同組合間提携推進事務局1982〔9〕、81頁。
(23) 伊東1982〔3〕、221-222頁。
(24) 全国農業協同組合中央会・日本生活協同組合連合会1974〔27〕、56頁。
(25) 協同組合間提携推進事務局会議1985〔11〕、61頁。
(26) 協同組合間提携推進事務局1982〔9〕、17頁。
(27) この段落の記述は、白石1996〔22〕、319頁に基づく。
(28) 協同組合経営研究所1967〔12〕。
(29) 協同組合経営研究所1967〔14〕、裏表紙。協同組合経営研究所から報告書『協同組合の生活活動と農協・漁協・生協の提携-北阿萬農協と灘神戸生協の実践に学ぶ-』の告知があり、集会タイトルはそこから引用した。
(30) 協同組合経営研究所1967〔13〕、64-65頁。
(31) 白石1996〔22〕、319頁。
(32) 全国農業協同組合中央会・日本生活協同組合連合会1974〔27〕、15-19頁。
(33) 全国農業協同組合中央会・日本生活協同組合連合会1974〔27〕、26-29頁。
(34) 協同組合間提携推進事務局1982〔9〕、78-79頁。
(35) 全国農業協同組合中央会・日本生活協同組合連合会1974〔27〕、57-58頁。
(36) 楠本2000〔16〕、48頁。なお、協同組合間提携推進事務局1982〔9〕、119頁は1972年開始としている。
(37) 協同組合間提携推進事務局1982〔9〕、165頁。伊東1982〔3〕、295頁。
(38) 全国農業協同組合中央会・日本生活協同組合連合会1974〔27〕、2頁。
(39) 全国農業協同組合中央会・日本生活協同組合連合会1974〔27〕、48-50頁。
(40) 全国農業協同組合中央会・日本生活協同組合連合会1974〔27〕、59-61頁。
(41) 協同組合間提携推進事務局1982〔9〕、127頁。
(42) 協同組合間提携推進事務局1982〔9〕、148頁。
(43) 協同組合間提携推進事務局1982〔9〕、17頁。
(44) 協同組合間提携推進事務局1982〔9〕、13頁。
(45) 協同組合間提携推進事務局1982〔9〕、13頁。覚書本文は、全国農業協同組合中央会・日本生活協同組合連合会19

75〔28〕、16-17頁に掲載されている。
(46) 協同組合間提携推進事務局1982〔9〕、18頁。
(47) 白石1996〔22〕、314頁。
(48) 協同組合間提携推進事務局1982〔9〕、18頁。
(49) 全国農業協同組合中央会・日本生活協同組合連合会1974〔27〕。
(50) 全国農業協同組合中央会・日本生活協同組合連合会1975〔28〕、58-62頁。
(51) この集会資料が、全国農業協同組合中央会・日本生活協同組合連合会1975〔28〕。
(52) ある時点から主催が「協同組合間提携推進事務局」あるいは「協同組合間提携推進事務局会議」となったようだ。なお、同事務局（会議）の開始時期について、協同組合間提携推進事務局会議1985〔11〕、1頁は「1973年からはじまった」としている。
(53) 協同組合間提携推進事務局1982〔9〕、14頁。
(54) 白石1996〔22〕、319-320頁。
(55) 白石1996〔23〕、280頁。
(56) 打越1992〔4〕、61-62頁。
(57) 協同組合間提携推進事務局会議1985〔11〕、53-54頁。
(58) 協同組合間提携推進事務局会議1985〔11〕、55-60頁。
(59) 協同組合間提携推進事務局会議1985〔11〕、61-65頁。
(60) 明田1990〔1〕、12頁。
(61) 日生協創立50周年記念歴史編纂委員会2002〔35〕、170-171頁。
(62) 日生協創立50周年記念歴史編纂委員会2002〔35〕、173頁。
(63) 1985年までは白石1996〔23〕、281-282頁。それ以降は白石1997〔24〕、274頁。
(64) 協同組合間提携推進事務局1981〔8〕。
(65) 協同組合間提携推進事務局1981〔8〕、7頁。
(66) 協同組合間提携推進事務局1981〔8〕、7-9頁。
(67) 協同組合間提携推進事務局会議1985〔11〕。

(68) 協同組合間提携推進事務局会議1985〔11〕、4頁。
(69) 協同組合間提携推進事務局会議1985〔11〕、5頁。
(70) 協同組合間提携推進事務局会議1985〔11〕、11－24頁。
(71) 協同組合間提携推進事務局1989〔10〕、9－30頁。なお、「90素案」が組織的な確認を経て「案」が取れたことは確認できていない。
(72) 協同組合間提携推進事務局1989〔10〕、20－24頁。
(73) 協同組合間提携推進事務局1989〔10〕、22頁。
(74) 協同組合間提携推進事務局1989〔10〕、26頁。
(75) 協同組合間提携推進事務局1989〔10〕、26－30頁。
(76) 1990年に静岡県・福井県・富山県・岡山県で設立。1991年に宮崎県・福岡県・東京都・石川県・山口県で設立。1992年に青森県・熊本県・岐阜県で設立。1993年に奈良県で設立。1996年に京都府で設立。1998年に沖縄県・群馬県・愛媛県で設立。（以上の出典は白石1997〔24〕274－275頁、日生協創立50周年記念歴史編纂委員会2002〔35〕487－499頁、十河1999〔29〕によった。ただし、文献により設立年の記載が異なる場合は、上記の文献記載順に優先した。また一部、関係者への聞き取りに拠った）。以上のほか改組等として次がある。埼玉県では1990年に、1983年発足の「埼玉協同組合間提携研究会」が「埼玉県協同組合間提携推進協議会」となった（白石1996〔23〕281－282頁）。また、福島県では、1984年設立の「福島県生協・農協間提携推進会議」（白石1996〔23〕282頁）が1995年に「環境保全ネットワークふくしま」となった（十河1999〔29〕54頁）。宮城県では、1986年に「宮城県農協生協提携協議会」（白石1996〔23〕274頁）（十河1999〔29〕56頁）が発足しているが、1991年に別組織として「宮城県協同組合こんわ会」が生まれている（十河1999〔29〕54・56頁）。群馬県では、「1969年に協同組合経営研究所群馬県支部として協議会組織を設置していましたが、1998年に新組織に改組して」おり、新たな組織の名称は「フートピア21」である（十河1999〔29〕54－55頁）。岡山県では1990年に「岡山県産直協議会」が発足した（白石1997〔24〕274頁）が、1996年に「岡山県協同組合連絡協議会」が設立されている（十河1999〔29〕57頁）（日生協創立50周年記念歴史編纂委員会2002〔35〕497頁）。なお、1991年に発足した石川県協同組合協議会は1998年に解散している（十河1999〔29〕54頁）。
(77) 例えば、今野（1995〔20〕50頁）は「いまや生協は流通業の一翼として知らない人がいないほどである。当時とは天地の差である。しかもこのところＪＡも生協も事業は停滞基調である。提携事業もまた同じである。」と書いている。なお、同じ論稿で今野は、戦後の提携の経過を「大きく３つの流れになるが、①全国各地の提携活動がいわば草の根の運動として形成されてきたもの、②協同組合間提携事務局（全中、全農、日生協、全漁連、全森連）が中心となって「協同組合間提携全国研究集会」（第１回１９７５年～第15回１９９２年）を開き、全国各地に活動をすすめてきたもの、③日本生協連の全国産直研究交流会（第１回１９８５年～第11回１９９５年）でひろがってきたもの、である。」としている。また、河野直践は「協同組合間提携をどう発展させるか」と題するシンポジウム（砂川ほか１９９８〔26〕59頁）において、次のように発言している。「近年の全国的な情勢を述べておくと、県協議会づくりがペースダウンしているとか、産直をめぐって生産者組織と消費者組織の間で不協和音が生じたり交流が停滞するなどの問題が出てきています。」。なお、河野はこのあと続けて、産直の意義の高まりを指摘し、「協同組合らしい顔の見える産直を追求することが大切」とし、さらに「この春にはＮＰＯ法が制定されましたし、近年は労働者協同組合、高齢者協同組合、産消混合型協同組合、環境・福祉・映画の専門生協など、新しい協同組織も次々と生まれてきていますので、これらとも手をつなぎながら、産直だけでなく環境・福祉・文化なども視野に入れながら提携を地域づくりに発展させていくことが求められています。」としており、地域づくりに向けた協同組合間連携の方向を示唆している。１９９０年代以降の連携の停滞を指摘するものとしてそのほか、白石（２００１〔25〕18頁・20頁）、山本（２００１〔44〕６－７頁）がある。

(78) 現場での連携の不調を指摘するものとして、今野１９９５〔20〕、54頁、また、注77における河野発言。全国段階の連携の停滞を指摘するものとして白石（２００１〔25〕20頁）、山本（２００１〔44〕６－７頁）、１９８０年代に協同組合間提携推進事務局会議に参加していた日本生協連ＯＢの石飛豊氏による、日本生協連資料室主催２０１８年度第１回ＣＯ・ＯＰアーカイブズ・セミナー「１９７０～80年代の日本の協同組合間提携の高揚をふりかえる」（２０１８年11月10日）における報告（加賀美２０１８〔５〕）。

(79) 日生協創立50周年記念歴史編纂委員会２００２〔35〕、３７０頁。

(80) 日本生活協同組合連合会２００４〔37〕、40－43頁。

(81) 日本生活協同組合連合会２００８〔38〕、19頁。同２０１２〔39〕、37頁。

(82) 日本生活協同組合連合会２０１５〔40〕、23頁。同２０１９〔41〕、75頁より筆者が合計を計算。

(83) 神奈川県協同組合間提携推進協議会の「すみよい神奈川づくり」基本構想（田所１９９０〔32〕）、みやぎ生協とＪＡみやぎ仙南（小林２００９〔19〕）、コープさっぽろとホクレン・同漁連（菊池２０１０〔７〕）。

(84) 八郷町農協と東都生協（桑島・柴山1994〔17〕）。
(85) 生活クラブ生協の「計画的労働参加」（池田1997〔2〕、23頁）。
(86) 角田市農協とみやぎ生協（鎌田1994〔6〕、62－63頁）。
(87) 共立社生協、庄内医療生協ほか（工藤1994〔15〕、志波2009〔21〕）。
(88) 宮城中央森林組合・みやぎ生協・松島漁協・仙台市泉農協などによる地域資源循環システム、愛媛県協同組合協議会「食と緑と水を守るいのちの共生運動」、佐賀県協同組合女性連絡会による「水と環境を守る運動」（十河2001〔30〕）。
(89) 山口県大津郡油谷町（現長門市）の向津具農協と地区内4漁協、宮崎県南郷町（現日南市）の宮崎南郷農協と町内3漁協がそれぞれ特別養護老人ホームを建設（浜崎1994〔42〕、47－49頁）。
(90) 神奈川県生活クラブ生協とワーカーズ・コレクティブ（河野2001〔18〕）。
(91) この部分の記述は、JCAウェブサイト、IYC記念全国協議会ウェブサイト（現在はJCAウェブサイト内に移行）に基づく。
(92) この段落の記述はJCAの調査に基づく。なお、設立年次不明が1組織ある。
(93) 例えば、神奈川県協同組合連絡協議会（2017年3月に前身組織を発展的に解消して発足）では、単位組織同士を結び付けることを県域組織の役割として明確に意識し、同協議会発足時に、JA、生協、漁協、森林組合の単位組織の加入をすすめた（本書第5章事例1を参照）。
(94) 地域づくりにおける協同組合間連携の事例のなかには、協同組合という組織が主導するのではなく、住民・組合員が主体となって動きを創り出している事例（組織としての協同組合はそれに対して、学びの機会を提供したり、巻き込まれつつ見守り励ましたりする）があり、地域づくりにおける協同組合間連携の一つの重要なありようとして注目したい（例えば、前田2021〔43〕）。組合員が主体となった「小さな協同」からの地域づくりについては、田中2010〔31〕が論じている。

【参考文献】

〔1〕明田作「協同組合提携はここまで進んだ」『協同組合経営研究月報』No.439、10－17頁、1990年。
〔2〕池田徹「自給率向上のための「That's国産運動」」『協同組合経営研究月報』No.521、20－23頁、1997年。
〔3〕伊東勇夫編著『協同組合間協同論』お茶の水書房、1982年。
〔4〕打越哲雄「都道府県段階における協同組合間提携推進体制の設置状況」『協同組合経営研究月報』No.471、59－64頁、

1992年。

〔5〕 加賀美太紀「協同組合間提携のこれまでとこれから〜2018年度第1回のCO－OPアーカイブズ・セミナーより〜」『くらしと協同』第27号、64－67頁、2018年。

〔6〕 鎌田保「これからの協同組合運動－事例研究・農協」『協同組合経営研究月報』No.492、57－65頁、1994年。

〔7〕 菊地一史「北海道産食材の利用拡大で北海道を元気に！〜農業・漁業－食品産業－消費者を繋ぐ架け橋〜」『協同組合経営研究誌にじ』No.632、48－56頁、2010年。

〔8〕 協同組合間提携推進事務局「1980年代の協同組合間提携の方向」1981年。

〔9〕 同右『協同組合間提携の戦略的展望』時潮社、1982年。

〔10〕 同右「21世紀を展望した90年代の協同組合間提携の課題と方向（素案）」、協同組合間提携推進事務局「第14回協同組合間提携全国研究集会資料」、1989年。

〔11〕 協同組合間提携推進事務局会議「協同組合間提携推進対策－1980年代後期の運動課題と実践方向－」1985年。

〔12〕 協同組合経営研究所『協同組合経営研究月報』No.164、1967年。

〔13〕 同右「地方研究集会報告北阿万・灘集会」『協同組合経営研究月報』No.167、64－65頁、1967年。

〔14〕 同右『協同組合経営研究月報』No.169、1967年。

〔15〕 工藤博司「地域社会活性化のとりくみ」『協同組合経営研究月報』No.488、27－33頁、1994年。

〔16〕 楠本正弘「産直提携は地域をどのように変革したか－旧遊佐町農協（現JA庄内みどり）の事例から－」、今野聰・野見山敏雄編著『これからの農協産直－その「一国二制度」的展開－』46－60頁、2000年。

〔17〕 桑島雄三・柴山進「協同組合間提携の取組み」『協同組合経営研究月報』No.493、52－66頁、1994年。

〔18〕 河野直践「地域生協を母体にしたワーカーズの活動事例－神奈川県生活クラブ生協とワーカーズ・コレクティブ－」『協同組合経営研究月報』No.574、32－44頁、2001年。

〔19〕 小林元「『顔とくらしの見える産直』の取り組み－宮城県を事例として－」『協同組合経営研究誌にじ』No.626、93－105頁、2009年。

〔20〕 今野聰「21世紀の協同組合間提携を考える－提携活動の停滞を打ちやぶるために－」『協同組合経営研究月報』No.506、50－56頁、1995年。

〔21〕 志波早苗「庄内まちづくり協同組合『虹』で描く地域の協同─住み慣れた地域で『最後まで安心して』をどう支えるか」

『協同組合経営研究にじ』No.６２６、１０１-１１４頁、２００９年。

〔22〕白石正彦「高度成長期下の産直・協同組合間提携」財団法人協同組合経営研究所農業協同組合制度史編纂委員会『新・農業協同組合制度史　第1巻』協同組合経営研究所、３１４-３２１頁、１９９６年。

〔23〕同右「低成長・金融効率化のもとでの産直・協同組合間提携」財団法人協同組合経営研究所農業協同組合制度史編纂委員会『新・農業協同組合制度史　第2巻』協同組合経営研究所、２７１-２８２頁、１９９６年。

〔24〕同右「産直・協同組合間提携」財団法人協同組合経営研究所農業協同組合制度史編纂委員会『新・農業協同組合制度史　第3巻』協同組合経営研究所、２６６-２７６頁、１９９７年。

〔25〕同右「協同組合間協同の新たな役割-90年代の停滞をどう破るか-」協同組合経営研究所『協同組合経営研究月報』No.５６８、17-24頁、２００１年。

〔26〕砂川博紀・當銘由孝・伊野波盛仁・上仮屋貞美・高江洲重一・河野直践「シンポジウム・協同組合間提携をどう発展させるか」『協同組合経営研究月報』No.５４０、58-61頁、１９９８年。

〔27〕全国農業協同組合中央会・日本生活協同組合連合会「協同組合間提携に関する調査事例集（全中・日生協の合同調査結果）」１９７４年。

〔28〕同右「協同組合間提携現地研究集会」１９７５年。

〔29〕十河英侑「都道府県段階における協同組合間提携協議会の設置状況等について」、『協同組合経営研究月報』No.５４８、54-57頁、１９９９年。

〔30〕同右「協同組合提携のあり方を考えるために-4事例の比較検討の結果-」『協同組合経営研究月報』No.５７２、58-67頁、２００１年。

〔31〕田中秀樹「小さな協同からの地域づくり」（「２０１０年協同組合セミナーin広島」における基調講演）『協同組合経営研究誌にじ』No.６３２、91-99頁、２０１０年。

〔32〕田所昌訓「緒についた「すみよい神奈川づくり」」『協同組合経営研究月報』No.４４４、25-30頁、１９９０年。

〔33〕新村出編『広辞苑第四版』岩波書店、１９９１年。

〔34〕日生協創立50周年記念歴史編纂委員会『現代日本生協運動史　上巻』日本生活協同組合連合会、２００２年。

〔35〕同右『現代日本生協運動史　下巻』日本生活協同組合連合会、２００２年。

〔36〕日本生活協同組合連合会『現代日本生協運動史・資料集』（CD-ROM）日本生活協同組合連合会、２００２年。

(37) 同右『たしかな商品を届ける生協農産産直～第6回全国生協産直調査報告書～』日本生活協同組合連合会、2004年。
(38) 同右『挑戦を続ける生協産直―「第7回全国生協産直調査」報告書』日本生活協同組合連合会、2008年。
(39) 同右『地域と生きる生協産直―「第8回全国生協産直調査」報告書』日本生活協同組合連合会、2012年。
(40) 同右『地域と生きる生協産直2015―「生協の産直事業と食料・農業問題の取組みに関する調査」報告書』日本生活協同組合連合会、2015年。
(41) 同右『生協産直のあらたな未来をつくるために～第10回全国生協産直調査報告書～』日本生活協同組合連合会、2019年。
(42) 浜崎礼三「漁協の生活福祉事業への取組－高齢者対策を主体として－」『協同組合経営研究月報』No.491、42－49頁、1994年。
(43) 前田健喜「組合員主体の協同組合間協同－愛知県やなマルシェ・やなまるっ人の事例から－」『協同組合研究誌にじ』No.675、37－45頁、2021年。
(44) 山本博史「暮らしの変化の特徴と協同組合の役割・課題」『協同組合経営研究月報』No.572、3－8頁、2001年

第4章 私たちの暮らしのなかの協同組合間連携

第1部 都道府県域における協同組合間連携について——2020年度都道府県連携組織実態調査より

はじめに

本章第1部では、都道府県域の連携組織(以下、県域連携組織という)について取り上げます。第2部では、多様に展開されつつある協同組合間連携の類型（タイプ分け）を紹介します。

県域連携組織は、各協同組合グループ（系統）の県域組織がおもなメンバーの任意団体であり、名称は「○○県協同組合連絡協議会」などまちまちで、現在42都道府県にあります。県域連携組織はそもそも交流や連携自体を目的として設立されており、その活動は独特な役割を果たしてきました。また、日本協同組合連携機構（以下、ＪＣＡ）設立以前は、ＪＡ全中などが一定の支援をしてきたものの、県域連携組織を常時支援する組織はありませんでした。

２０１８年４月、協同組合が「連携を強化することにより地域の課題に取り組み、協同組合が〝持続可能な地域のよりよいくらし・仕事づくり〟に取り組む」（２０１８年２月、日本協同組合連絡協議会「新たな連携組織への移行について」）ことを目指し、ＪＣＡが発足しました。このため、ＪＣＡとして、全国域の協同組合間連携をすすめるだけでなく、県域連携組織やその地域での取り組みを支援する役割を重視しました。

その一環として、毎年度県域連携についての実態調査を行い、これにより、県域連携組織やその取り組みの全体像が初めて明らかになりました。

本節は、この実態調査およびＪＣＡ発足以来の経験からみえてくる、県域連携組織の実態や特徴的な取り組み、今後の課題（プラットフォーム的機能）を明らかにします。なお、２０２０年度実態調査（２０２０年４月実施。以下、実態調査）[1]には、大阪、山梨、徳島という連携組織のない府県からも含め、計44の県域から回答が寄せられました（２０１９年度は42県域）。

1．県域連携組織の設立時期

（1）設立時期の推移

県域連携組織の設立年は70年代からはじまっています（図4－1）。最も早いのは、１９７６年設立の長野県協同組合連絡会で、40年を超える歴史があります。

最も新しいのは、大阪府協同組合・非営利協同セクター連絡協議会で、2020年7月に設立されました（後述）。
70年代から80年代の設立は、1960年前半から単協間の産直や提携が徐々にはじまっていたこと、国際協同組合同盟（ICA）が1966年の協同組合原則改定で第6原則として「協同組合間協同」を掲げたことから、わが国でも連携の機運が高まったためと考えられます（第3章を参照）。

その後、1990年代と2010年代に大きく設立がすすみましたが、ICA東京大会（1992年）の開催、2010年代は国際協同組合年（2012年）の取り組みがきっかけと考えられます。とくに、2013年には、最多の7組織が設立されています。また、2012年の国際協同組合年（IYC）を迎えるに当たって、多くの県域でJA県中央会や県生協連合会などにより実行委員会等が組織され、さまざまなイベントが取り組まれました。IYC終了後もそれらが母体となり活動を引き継ぐために設立がすすみました。

図4－1　設立年の分布

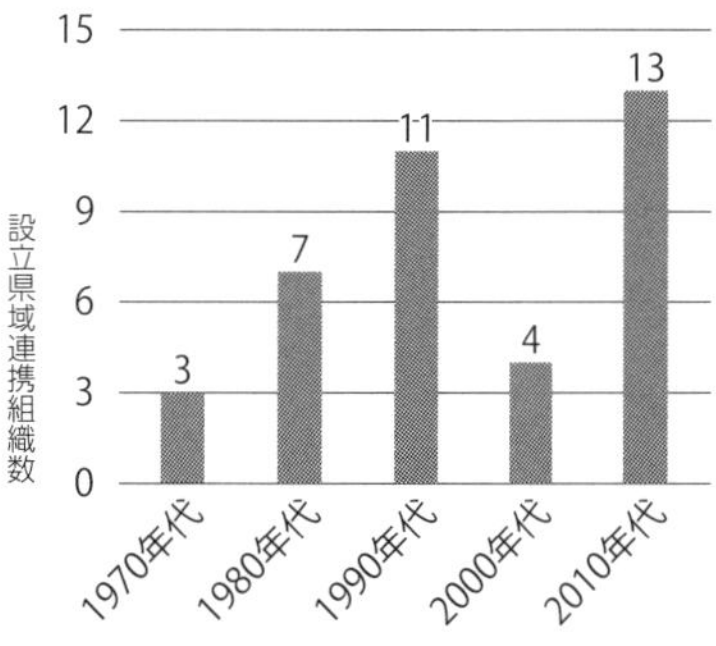

資料：2020年度実態調査より

（2）北海道・大阪における連携組織の立ち上げ

北海道では、1985年に設立された北海道協同組合間提携推進協議会（略称HJC。10団体。2006年に連絡協議会に組織変更）が、活動の再活性化を目指し、2020年6月、協同組合ネット北海道に生まれ変わりました。JAグループ北海道5連、北海道生協連、コープさっぽろ、北海道労働金庫など14の協同組合と教育機関、NPO等のオブザーバー団体など計18団体が参加しています。「ゆるやか」「あいのり」「やってみる」を掲げ（表4－5参照）、無理なくできることに取り組むことで、「北海道経済の発展と道民の生活向上を目指す」ことを目的とします。2020年3月、協同組合ネット北海道の発足に先んじて、コロナ禍に対する協同組合間連携の取り組みをすすめました（JAグループとコープさっぽろの連携による牛乳の消費拡大、子ども食堂支援など）。

これまで連携組織がなかった大阪でも、JCAの呼びかけもあり、2020年7月、大阪府協同組合・非営利協同セクター連絡協議会が発足、全国42番目の県域連携組織の誕生となりました。大きな特徴は、協同組合に加えて、大阪ボラン

「大阪府協同組合・非営利協同セクター連絡協議会」設立の集い

ティア協会、日本赤十字大阪支部などの非営利団体が会員となっている点です。協同組合の連携組織にこうした団体が対等に加入することで、社会的課題の解決に向けた相乗効果が期待されます。

北海道や大阪府の例は、協同組合同士あるいはNPO等の非営利協同セクターと連携し、地域社会の諸課題に取り組むことを明確に掲げている点で注目されます。

2. 県域連携組織の会員数─単協の参加が活性化につながる

県域連携組織に加入している会員数は、JAグループや生協、漁協、森林組合などの中央会、連合会、単位組合（単協）のほか、マスメディアやNPO、消費者団体なども含め475団体におよびます。少ないところは4団体、多いところでは84団体とバラつきがあります（図4－2）。

会員が4団体の組織は、JA県中央会、県生協連、県漁連、県森連で構成されるケースがほとんどであり、会員数が20を超えるような組織になると単協が加入しています。

JCAでは全国の協同組合間連携の事例の収集と分析を行っていますが、県域連携組織に単協が加わることで、活動が活発になる事例が多くみられます。単協は、実際に事業やさまざまな組合員活動、地域貢献活動を行っており、それらが相互に交流することで、新たな事業や活動のきっかけがつかめ、新たな取り組みにつながるためと考えられます。

例えば、会員数が84組織と最多の神奈川県協同組合連絡協議会（２０１７年発足。略称かながわＣｏ－ネット）は、それまであった神奈川県協同組合提携推進協議会（１９８６年発足）を発展改組するさい、各単位組合やＮＰＯ等にも加入を呼びかけ会員数を増やしてきました。その結果、活発な協同組合間の交流や事業上の連携が生まれています（県漁連の海産物をＪＡ直売所で販売、ＪＡのジュースを漁連直売所で販売、ＪＡと生協が宅配で事業連携する等。第５章事例１を参照）。

また、長野県では「信州まるごと健康チャレンジ」という健康づくりの取り組みが行われています。これは、もともと、県内３つの医療生協が自組織の組合員向けに行っていたものです。これを協同組合に限定せずひろく発信すべきとして、長野県協同組合連絡会（11団体）の主催

図４－２　県域連携組織の加入会員数（全国計475団体）

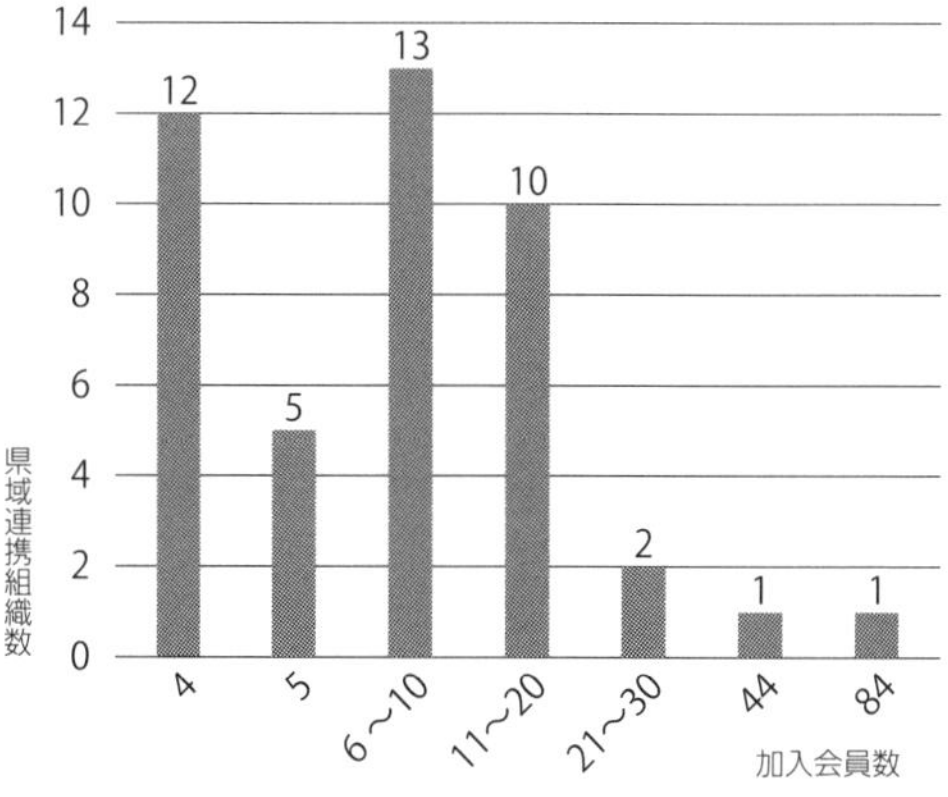

資料：2020年度実態調査より

とした結果、60万世帯に呼びかけをする県民規模の取り組みとなっています。県連絡会に単協は直接参加していませんが、「健康チャレンジ」などは単協とともにすすめられています。

また、こくみん共済ｃｏｏｐ、ろうきん、労働者協同組合（ワーカーズコープ、ワーカーズ・コレクティブ）が参加している県域連携組織は多くなく、さらに中小企業協同組合（3県のみ）、信用金庫（2県のみ）、信用組合（1県のみ）の参加はきわめて少ないため、種別の協同組合が幅ひろく参加できるようにすることが、今後の課題といえます。

3．県域での協同組合間連携による多彩な活動

２０２０年度実態調査では、計１８０件の県域連携活動について報告が寄せられました（２０１９年度１７６件）。活動の中心は、学習会や国際協同組合デーなどの集合形式のイベント（１０６件、全体の６割。**表4－1**参照）であり、毎年同様の傾向です。

そのほか、下記にみるような、多彩な地域貢献活動が取り組まれています（居場所づくり、災害支援、高齢者支援、環境保護、大学寄付講座など）。

（1）協同組合視察バスツアーによる相互理解

長野県協同組合連絡会は、「協同組合バスツアー」に取り組み、連絡会に参加する協同組合の現場を視察し、お互いの事業や課題を共有し相互理解を深めています。

ＪＣＡがサポートする県域連携組織の交流・学習会でも、参加者から「同じ県内の協同組合にもかかわらず、他の組織のことを知らなかったので、こうした交流の機会は貴重」との感想が毎回寄せられます。長野県のバスツアーは、他協同組合に視野をひろげ、新しい事業や活動のヒントを見いだす機会になるとともに、次世代を担う人材育成の場としても期待できます。

表４－１　県域連携組織の活動

（件数）

学習会、国際協同組合デー	46
イベント（デー以外）	60
子ども食堂・居場所づくり	4
被災地支援（災害協力）	4
健康づくり	7
買い物支援	2
高齢者の生活支援	1
植林	7
清掃	4
環境保護（保全活動）	4
協同組合間の相互協定	4
その他	37
合計	180

資料：2020年度実態調査より

（2）子ども食堂から地域の居場所づくりへ

子ども食堂の取り組みが４件報告されました。子どもの貧困率は７人に１人（厚労省「２０１９年国民生活基礎調査」）と、近年、子どもの貧困が社会問題となっています。

茨城県の協同組合ネットいばらき（２０１３年設立、参加団体数44）によれば、県内12カ所で協同組合が関わって「子どもの居場所づくり」が行われています。ある子ども食堂では、生協が取り組む子ども食堂に、ＪＡが食材を、地元の社会福祉協議会が会場を提供することで運営されています。子どもだけではなく、高齢者や一人暮らしの方、子ども連れの家族まで、だれでも安心して参加できる居場所としても機能しています。全国の子ども食堂の数は５０８６か所と、近年急速に増加（前年比１３７％。「全国こども食堂支援センター・むすびえ」による２０２０年調査）。そのいっぽうで、食材や場所、スタッフの確保という課題にも直面しています。茨城県の事例は、これらの課題に協同組合間連携で対処しており、アフター・コロナにおける「居場所づくり」としても注目されます。

(3) 若者の認知をひろげる大学寄付講座

若者に協同組合への関心をもってもらうため、大学での寄付講座を開催している県域もあります（表４－２）。講義は「協同組合論」に関するものが多く、県域連携組織を構成する各協同組合が講師を務めることで、協同組合全体を学べる内容となっています。受講生のなかには協同組合に興味をもち、就職した学生も出るなど成果も聞かれます。

若い世代に協同組合の認知度をひろめるため、大学での寄付講座や出講をひろげていくことは、協同組合が共通して取り組むにふさわしい課題といえます。

（4）コロナ禍への取り組み

２０２０年はコロナ禍に見舞われるなか、各協同組合それぞれの取り組みとともに、協同組合連携による地域貢献活動もひろがりをみせています。

ＪＡふくしま未来の取り組みを参考に、茨城県の協同組合ネットいばらきが学生への食料支援に取り組み、それが広島県や大阪府の協同組合連携組織にひろがりました。このほかにも愛媛県協同組合協議会で医療従事者への支援が行われました。

こうしたコロナ禍への連携した取り組みは15都道府県でみられます（ＪＣＡ把握分）。県域連携組織がこうした取り組みの中心になっていることは、期待される役割として注目されます。

表４－２　県域の協同組合連携組織が実施する大学寄付講座

県名	実施先	講座名
茨城	茨城大学	「協同組合論」、「大学生と消費生活」
神奈川	関東学院大学 （公開講座）	2018年度：「協同組合の世紀～共生と多様性に満ちた社会の持続的発展」 2019年度：「ＳＤＧｓを実践する協同組合の世紀～共生と多様性に満ちた社会の持続的発展」
福井	福井県立大学	「農業経済学」（協同組合の活動について等）
岐阜	岐阜大学	「農業政策学」、「農業・環境経済学」
愛知	名古屋市立大学	地域特色科目４「現代社会と人と地域のつながり」
愛知	金城学院大学	「協同組合論」
京都	同志社大学	「協同組合論」（2013年度）
愛媛	愛媛大学	法学・政策学特講義「協同組合とは何か」
鹿児島	鹿児島大学	「協同組合論」（2020年10月～）
全国	千葉大学 公開寄付講座	「非営利市民事業と協同組合」 ※ＩＹＣ記念全国協議会の事業をＪＣＡが引き継いだ

資料：2020年度実態調査ほかより

4. 県域連携組織の運営と課題

県域連携組織の運営も、県域によって異なります。事務局が中心となって幹事会や協議会を準備・運営していることが多く、また、多くの県域では、県域連携組織の事務局をＪＡ都道府県中央会が担っており、専従者がいる県域はありません。千葉県を例にとると、運営体制等は**表４－３**のようになっています。

県域組織の予算は、０円～３００万円という範囲に収まっています（**図４－３**）。予算が０円という組織は、あらかじめ決まった年会費を徴収するのではなく、活動の都度、実費を分担しています。多くの県域組織はかぎられた予算のなか、運営が行われています。

図４－３　県域連携組織の予算

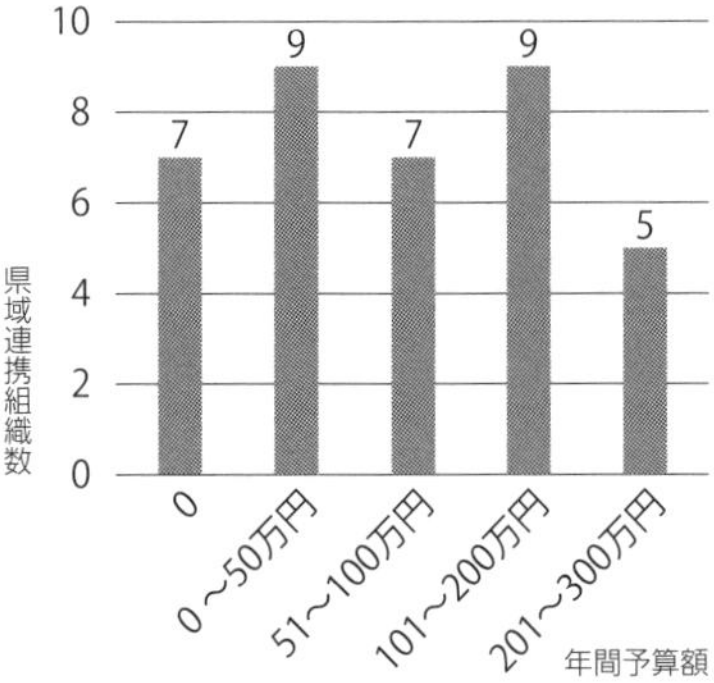

資料：2020年度実態調査より

県域連携組織の課題をみてみましょう（**表４－４**）。毎回の実態調査で多く出されるのが、活動のマンネリ化、先細りを危惧する声、単協や組合員の参加をひろげたいとの声です。

活動のマンネリ化についてはＪＣＡのサポートや県域

連携組織の全国的な経験交流が重要です。

さらに今後、県域連携組織の活動の発展とともに、予算や事務局体制のありかたを県域内で検討する必要が出てくると考えられます。

とはいっても、すぐに解決策を見いだすことは難しく、参加す

表４－３　千葉県協同組合提携推進協議会の運営状況

〈委員会〉 ・生協（単協含む）、漁連（信漁連等含む）、森林組合（県森連）、ＪＡ（県中央会、３連合会、農林中金千葉支店）で構成。 ・代表はＪＡ県中央会専務理事、副代表は県生協連会長理事、県漁連専務理事、県森連専務理事。 〈幹事〉 ・県生協連事務局長、県漁連部長、県森連課長、ＪＡ全農県本部部長、ＪＡ共済連県本部次長、ＪＡ県厚生連部長、農林中金千葉支店次長、ＪＡ県中央会部長（幹事長） <事務局> ・ＪＡ県中央会次長他 〈日程〉 ・４月、第１回幹事会（今後の方向性、委員会開催、協同組合フェスティバル日程について） ・５月、監事監査 ・６月、委員会（前年度事業報告・収支決算、本年度事業計画・収支予算案について） ・７月、第２回幹事会（協同組合フェスティバル、地域貢献・教育活動、30周年記念事業について） ・９月、第３回幹事会（協同組合フェスティバルについて） ・10月、第４回幹事会（協同組合フェスティバルほかについて） ・10月、同協議会30周年記念事業（東日本大震災被災地視察） ・11月、千葉県協同組合フェスティバル開催 ・12月、第５回幹事会（協同組合フェスティバルの結果等について） ・２月、第６回幹事会（地域貢献活動―フードバンク支援―について検討）

資料：同協議会の2018年度事業報告資料より筆者作成

表４－４　課題として考えること

・活動のマンネリ化、固定化、先細り、停滞。発展の方向がみえにくい。 ・事務局業務の１団体への偏り。事務局の人員減少。 ・単協からの参加者を増やす必要性。役職員の交流から組合員の交流への進展。 ・地域段階における協同組合への理解促進。

資料：2020年度実態調査の記述欄より抜粋

る組織間で役割分担するなど、工夫することも必要です。協同組合ネットいばらきでは、かぎられた予算と体制における運営のコツとして、「ゆるやか・あいのり・やってみる」を掲げています。その内容は下表のとおり（表４－５）であり、北海道など他県域でも参考にしています。

おわりに

（1）プラットフォーム的役割への期待

４項でみた活動のマンネリ化からの脱皮や新規取り組みを検討するさいには、必要な情報の収集が欠かせません。その意味で、成功事例を収集し発信・共有したり、相互交流する機会を提供したり、意志のある協同組合同士をつないだり、相談にのったりする場がたいせつです。いわば、プラットフォーム的役割の充実がＪＣＡや県域連携組織には期待されているといえます。

２０２０年は、コロナ禍により、さまざまな活動が困難になりましたが、ＩＣＴの活用を含めさまざまな工夫も行われました。ＪＣＡでは、毎年開催している「都道府県協同組合連携組織の全国交流会議」をオン

表４－５　県域協同組合連携組織の運営のコツ

「ゆるやか」	まずお互いを知ることからスタート。気負わず普通につながる。
「あいのり」	ある協同組合がやることに他協同組合も参加する。「○○県協同組合協議会」の冠をつけさせていただく。
「やってみる」	無理のない範囲でまずやってみる。スモールスタートし、小さな成功をつくり、徐々にひろげる。

資料：協同組合ネットいばらきや同北海道の資料より筆者作成

ラインで開催し（2020年7月）、41都道府県の連携組織、15の全国組織から約170名が参加、各地の先進事例を共有するとともに、コロナ禍における地域貢献活動（子ども食堂や学生の支援、農産物・水産物の消費拡大の取り組みなど）を呼びかけました。

さらに、全国の協同組合によるコロナ禍への取り組みについて取りまとめ、「〈コロナに負けるな！〉新型コロナ感染症に対する協同組合の取り組みについて」と題して、数次にわたってJCAホームページで紹介しました。

こうした事例や情報の共有と交流する場の提供というプラットフォーム的役割が3項でみたような取り組みをひろげる一助になっていると考えられます。

(2) JCAや県域連携組織の役割と課題

かぎられた予算や事務局体制のなか、各県域連携組織は大変苦労し運営されています。しかし、全国には工夫し成功している事例もあり、それらを相互に学ぶことも引き続き必要です。ここまで県域連携組織の実態、特徴的な活動や課題をみてきました。最後にそのなかから今後の活動の参考になる〝ヒント〟についてまとめてみます。

・「ゆるやか・あいのり・やってみる」で無理せず取り組む。

・地域づくりなどの新規課題への取り組みについてざっくばらんに話しあう機会をもつ。
・種別や単位協同組合、ＮＰＯなども含め県域連携組織への参加の幅をひろげる。
・事務局や企画実施のさいの分担に留意する（事務局請け負いにせず分担。複数団体で担当。若手の参加を工夫する等）。
・プラットフォーム的役割を強める（困りごとやニーズを持ち寄り、情報や意見を交換し、新しい解決策やつながりを生み出す〈創発する〉場づくり。組合員にも参加を呼びかける）。

コロナ禍により、わが国においてもこの間蓄積されてきた格差・貧困・孤立などの社会的問題の深刻化、地域の脆弱化に拍車がかかっています。コロナ禍の克服、社会の再建は、人びとの「たすけあい」に依拠していく以外になく、アフター・コロナを展望するには、社会・経済・環境の面で「持続可能な地域づくり」がますます重要になります。たすけあいを仕組み（制度）とし、自然と地域に根ざした事業や活動を行っている協同組合とその連携に期待される役割には大きなものがあります。

地域づくりに関わる課題は多様さを有しており、決まったアプローチはありませんし、さまざまな組織や個人の主体的な参加も求められます。このため、一方的な情報伝達や提起はなじみにくく、プラットフォーム的役割に注目するゆえんです。

ＪＣＡのプラットフォーム的役割を充実させていくことはいうまでもありませんが、地域づくりという点では、上述したとおり、県域連携組織のプラットフォーム的役割への期待も今後大きくなると考えられます。この意味でも、県域連携組織とＪＣＡの連携はますます重要になります。

（青竹豊）

第2部　協同組合間連携の類型（タイプ分け）

協同組合間連携の取り組みは、その目的や形式によって大きく６つのタイプに分けられます。第１のタイプが、生協産直を代表とする異種協同組合間の商取引を中心とした「産消提携型」、第２に同じ地域において異なる協同組合が連携して一つの事業を行ったり業務を委託・受託する「事業連携型」、第３は地域の抱える課題に対し、協同組合が連携してその解決や対処に取り組む「地域連携型」、第４が、学習会やイベントを共同で開催する「学習会・イベント型」、第５は、地震等の大規模災害時に協同組合が連携して復旧・復興支援を行う「災害支援型」、そして第６として挙げられるのが、協同組合役職員の教育を合同で行う「人材育成型」の６つです（**表4－6**）。

なお、これら協同組合間連携は、地域の（あるいは地域を超えて）単位協同組合（単協）間で行われるものから、JA都道府県中央会や都道府県生協連など、協同組合の県域組織で構成される「各都道府県の協同組合連携組織」が呼びかけて実施されるものもあり、実施主体はさまざまです。

以下、協同組合連携の6つのタイプについて、かんたんに解説していきます。

(1) 産消提携型

「産消提携」型とは、生協の産直事業[(2)]を基盤とした農・水・畜産物等の生鮮食料品を中心とした連携で、日本生活協同組合連合会(以下、日本生協連)の調べによるとその額は調査した主要

表4－6　協同組合間連携の6つのタイプ

類型	内容	特徴
産消提携型	生協産直を中心とした生鮮食料品の売買および商品の共同開発などの産消提携。	圏域内協同組合による商品開発(宮城)や県域を越えた産消提携も多数存在する。
事業連携型	店舗の共同運営や業務の委託・受託を協同組合間で行う連携。	店舗や移動店舗、宅配事業にまでひろがっている。
地域連携型	子ども食堂や地域づくりの取り組みで協同組合が連携して取り組む事例。	生活困窮者への支援はコロナ禍で加速した(福島、茨城、北海道、千葉など)。
学習会・イベント型	学習会やフォーラムの実施や植林や清掃活動などの体験型学習や祭りやイベントでの広報活動などで、最も連携が多い。	学習会やイベントへの合同出店はコロナにより大幅に減少、いっぽう、植林や環境保全活動など屋外での学習会継続された。
災害支援型	災害発生時の寄付や募金活動、農業ボランティアや被災地産品の単品結集による販売支援も含む。	災害時の連携協定や日常的な課題として捉えるケース(北海道)もある。
人材育成型	新入職員研修等の研修の合同開催や人事交流など。	1年かけたPJ型研修(兵庫)や職員の相互出向(鹿児島)、職員による植林などの体験学習も含まれる。

資料:JCA作成

生協だけで、年間約2925億円（2017年度）の供給高（販売高）で産直が占める割合は約3割あります。

なお、日本生協連によれば「産直」の考え方は、全国の生協で異なるものの、「産直三原則」は多くの生協で取り入れられているといい、日本生協連の産直事業委員会はあるべき生協産直のあり方として生協産直基準（5規準）を提唱しています。

産直三原則の第3原則に、「組合員と生産者が交流できること」というのがあります。交流というのは、生産者が生協の店舗や事業所を訪問し、消費の現場で直接、商品を購入する消費者（組合員）の声を聴く機会を設けたり、生協の組合員が生産現場を訪れて、生産の現場を知り、生産者の生産物に対する想いや苦労を理解する機会を設けたりすることを意味します。

生産者にとっては、消費者のニーズを直接確認する「川下マーケッティング」であり、消費者にとっては、生産

表4－7　生協産直の3原則・5基準

	産直3原則
1	生産地と生産者が明確であること
2	栽培、肥育方法が明確であること
3	組合員と生産者が交流できること

	生協産直基準（5基準）
1	組合員の要求・要望を基本に、多面的な組合員参加を推進する
2	生産地、生産者、生産・流通方法を明確にする
3	記録・点検・検査による検証システムを確立する
4	生産者との自立・対等を基礎としたパートナーシップを確立する
5	持続可能な生産と、環境に配慮した事業を推進する

資料：日本生協連ホームページ

者の顔が見えることで商品に対する安心感をえる機会ですが、この相互交流は長い期間をかけて繰り返し行われることで、双方の組合員の間に信頼関係や仲間意識が育まれることがあります。その結果、生協産直は単なる商取引にとどまらず、生産地の「環境保護活動」や「災害時の支援活動」、農家の人手不足を補う「援農支援」、さらに、生産地への生協組合員の移住など、地域を超えたさまざまな取り組みに発展することがあります（図4－4）。

(2) 事業連携型

同じ地域経済を基盤として事業を行う協同組合のなかには、各々の店舗を統合し、1つの店舗として共同運営を始めるケース

図4－4　生協産直の5段階

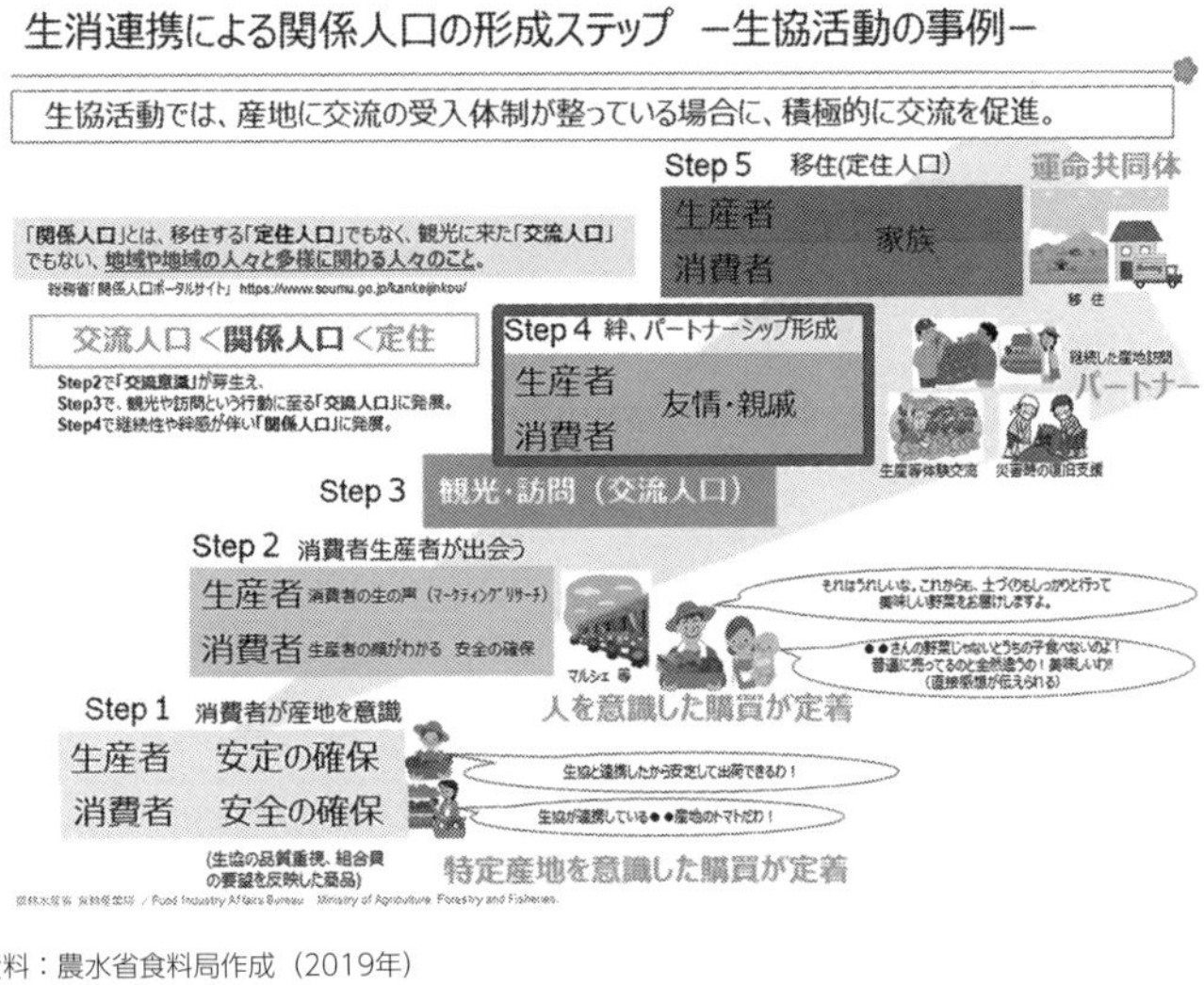

資料：農水省食料局作成（2019年）

や移動店舗の共同運営、JAの直売所の敷地へ生協の店舗を出店したり、生協の店舗にJAやJFの直売所を設けるなど、相互の組合員の利便性と経営資源の有効的な活用や効率的な運用をはかる事業連携が近年増えてきています。

また、ワーカーズコープやワーカーズ・コレクティブ等の労働者協同組合の仕事おこしと連携し、物流業務や宅配業務を委託する業務提携の連携も以前から行われています。

高齢化、人口減少がすすむなか、互いの経営資源を有効に活用し、組合員利益の維持、最大化を目的とした事業連携は、ますます盛んになると思われます。

(3) 地域連携型

地域の抱える課題は多様化し、複雑化しています。また、協同組合の組合員の多くは地域の住民でもあり、異なる協同組合間で組合員が重複していることもあります。そこで、各協同組合が独自で地域課題に対処するのではなく、その地域を基盤とする異種の協同組合が連携してその解決に取り組むのが「地域連携型」の協同組合間連携です。

例えば、コロナ禍でアルバイトができず、生活に困窮する学生を地域の協同組合が連携して支援する活動やこども食堂（居場所づくり含む）の支援や運営、フードドライブやフードバンクの設立等が該当します。また、健康づくりのようにそれまで各協同組合が独自で取り組んできた活動を統合して行うことでより大きな取り組みにして参加者を増やしているケースも出てきています。

（4）学習会・イベント型

お祭りやイベントの協賛、共同出店を通した協同組合の広報活動や海岸清掃や植林といった環境学習・保全活動など、目的も形式も多様で、ＪＣＡが行った実態調査（表4－8）で最も報告が多かったのがこの学習会・イベント型になります。なお、「学習会・イベント型」は単なる催し物だけでなく、その企画や運営を通じ、異種協同組合間の相互理解がすすみ、新たな取り組みへ発展する糸口にもなっています。

（5）災害支援型

地震や豪雨災害等の災害発生時に協同組合が連携して、地域の復旧・復興の支援を行うケースです。災害支援には「発災当初の緊急支援」、「被害からの復旧」、そして期間の長い「復興までの支援活動」という3つの側面があります。そのため、ボランティアバスによる災害ボランティアの派遣や農業ボランティアの募集のような人的支援や募金や寄付という金銭的支援などの緊急支援や復旧支援に加え、商品の共同開発や被災地の特産物や商品を「復興応援企画」

等の販売促進による長期間におよぶ支援までさまざまな連携が行われています。

また、「災害支援型」の特徴は都道府県内の協同組合の連携と生協産直を通して培われた関係による都道府県を越えた遠距離間での協同組合間で行われる点があげられます。日本は地震や台風、豪雨災害等の自然災害大国です。とくに緊急時には行政や災害ボランティアなどのNPO団体とも情報を共有し、効果的な支援を行うことが求められます。JCAが行った全国調査でも、「災害時の連携」に関して興味があると回答した都道府県は少なくありません。災害時のボランティア団体のネットワークの「日本災害ボランティアネットワーク」によれば、平時からの関係が緊急時に役立つとしています。第5章で紹介している長野県の事例は、都道府県の協同組合連携組織の平時の関係性が災害時に機能した事例の一つです。

(6) 人材育成型

協同組合の役職員の学習・育成を目的として異種協同組合が集まって実施するのが「人材育成型」です。この人材育成型の協同組合間連携には、新入職員に対する協同組合論等の協同組合間で共通したカリキュラムを共同で実施するケースや中堅職員を集めて行われる人材育成型の合同研修などがあります。特徴的なのは、植林などの体験型学習や一定期間で協同のプロジェクトを実施するといった実践型の研修が多い点です。なかには2年間、相互に職員を出向させて人事交流を行っている事例もあります。

ＪＣＡが２０２０年度に、全国の各県域の協同組合連携組織（42都道府県）にアンケートしたところ、１５４の協同組合間連携の事例が報告されました（表４－８）。最も多かったのは、「学習会・イベント型」（94事例）でした。そのなかで特徴的だったのは、フォーラムや学習会が大きく減少したのに対し、環境保全活動や広報活動など、異種協同組合の役職員・組合員が参加して実施する体験型のイベントは微増している点です。座学中心の交流はコロナの影響を受けて激減した半面、体験型の活動はそのようななかでも開催されたケースが多く、実践中心の活動の強さを示した結果が出ています。また、事業上の強みを活かす「事業連携型」や「災害支援型」はそれぞれ2件増加し、地域課題に取り組む「地域連携型」は17件から22件と5件増加するなど、全体の取り組みが減少するなかでも増加していることがわかりました。この調査では「産消提携型」は調査していませんが、細かく事例をみると事例の基盤に産直で築い

表４－８　協同組合間連携に関する全国調査結果

類型	2020年	2021年	前年比	差
学習会・イベント型	129	94	73%	-35
その他	23	23	100%	0
災害支援型	1	3	300%	2
事業連携型	10	12	120%	2
地域連携型	17	22	129%	5
総計	180	154	86%	-26

資料：JCA2021年度調査。

た信頼関係が存在するケースが少なくありません。なお、「その他」のなかには、協同組合を若い世代に知ってもらうことを目的とした大学寄付講座や協同組合間の連携協定が含まれています。

（文珠正也）

【注】

(1) 本稿は、横溝大介・JCA協同組合連携1部長による2020年度実態調査報告をもとに作成しました。また、毎年度の実態調査で得られた情報は、JCAホームページで公開しており、都道府県別で基礎情報、連携事例が閲覧できます。

(2) 生協産直：産直とは一般的には「産地直送」「産地直結」の略とされ、「生鮮食料品を、卸売市場を通さずに生産者から直接小売店に卸す（消費者に販売すること）こと」（新明解国語辞典）とあります。しかし、「生協産直」と呼ぶ場合は日本生協連が定めた生協産直の「三原則・5基準」のうち、少なくとも3原則を満たしたものだけを指します。

第5章 各地で取り組まれている協同組合間連携
―10の事例紹介―

事例1〈県域連携組織〉
神奈川県協同組合連絡協議会（かながわCo－ネット）の取り組み

1．神奈川県における協同組合間連携の経過

（1）神奈川県協同組合提携推進協議会の結成と成果

神奈川県協同組合提携推進協議会（提携協）は、1982年から2年にわたる生協・農協・漁協の県連担当者による研究会を経て1986年に生協連と農協5連（中央会、信連、経済連、共済連、厚生連）の役員を構成員として発足し、1989年に県漁連が参加しました。提携協は1988年以降、数次にわたり「すみよい神奈川づくり」構想を策定し、県産農水産物の消費拡大を主眼としながら信用、共済、購買、葬祭等、事業の相互利用や福祉、健康、環境、文化活動、災害対策、国際交流等レイドロー報告の協同組合地域社会の建設を意識した幅ひろい

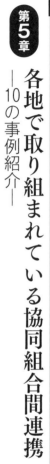

連携項目を掲げてきました。

事業面では、1990年に生協と農協の共同出資による花き流通会社（株）グリーンピアを設立、2019年度には売上高7億4千万円を計上。また、県産小麦を使用した乾麺や県産米と海藻を使用した米菓等の共同開発商品を発売するなど、生協・漁協・農協の結びつきを強めてきました。ただし、事業の相互利用については、研究が行われたものの実現には至っていません。

活動面では、1987年に第1回「協同組合のつどい」を開催し、ほぼ年1回「食・農」「環境」等をテーマに継続されてきました。1990年代に入ると高齢者福祉活動に力点が移り、1999年に生協と農協で構成する福祉健康委員会が県内5地区（2007年より4地区）で設置され、学習会やウォーキングイベント等を開催し現在も継続されています。

しかし、2000年代に入ると、協同組合のつどいが開催されない年度も出てくるなど、提携協の活動が停滞。「すみよい神奈川づくり」構想も、2002～2004年の中期計画を最後に明文化されなくなりました。

（2）2012国際協同組合年（IYC）を契機とした連携のひろがり

2011年、IYC全国実行委員会の呼びかけに応じ、提携協を母体として、県森連、神奈川ワーカーズ・コレクティブ連合会（W.Co連）、日本労働者協同組合連合会センター事業団神奈川事業本部（労協）、県労働者福祉協議会（労福協）、中央労金等が参加し、「IYC神奈川県実行委員会」が設置されました。新たな取り組みとして、IYCの1年間を通じて各種協同組合の相互理解を目的に現場を訪問する「協同組合体験・交流学校」を計12回開催。また「協同組合のつどい」もIYCのプレ及びキックオフイベントに位置づけ、以後年1回開催に復しました。IYC終了後、実行委員会ではIYCを機にひろがった連携を継続させるべきとの認識が共有され、規約や代表者のない緩やかな組織「神奈川県協同組合連絡会（連絡会）」に移行し、提携協とともに3年間活動することとなりました。

2．神奈川県協同組合連絡協議会（かながわCo－ネット）の発足

（1）発足の背景

連絡会は発足時の確認に基づき2016年度中に方向性を判断する必要がありましたが、受け皿となる提携協には事務局の認識として次のような課題がありました。

①提携協は農・漁協側と生協側の人数を均衡させ、生協連は会長・専務と非常勤理事である

単協常勤役員が参加していたが、農協と漁協は県連の常勤役員で単協の関与がなかった。

②県内農協数は合併等で1986年の43から2016年には13（専門農協除く）となり、生協も2013年に神奈川・静岡・山梨にまたがる生協が発足するなど、組織・事業に生じた変化に対応していなかった。

③行事の参加者は、生協は組合員である非常勤理事等、農・漁協は常勤役職員が主で、福祉健康委員会以外は役職員・組合員の交流機会となっていなかった。

こうしたなかにあって、生協連を中心とした再生可能エネルギーの導入促進にかかる県条例を求める運動（2013年に神奈川県が「再生可能エネルギーの導入等の促進に関する条例」制定）、食品ロス削減・食支援中間支援組織の研究（2018年「フードバンクかながわ」設立）等の取り組みを通じ、多様な地域の課題にアプローチするにはNPO等を含む幅ひろい連携が必要であるとの認識が提携協でも共有されつつありました。

食と農、環境、福祉、健康、地域の持続可能性等は生活者共通の希求であり、地域によっては農協と漁協・森組の組合員は重複し、生協組合員も多いと思われるなかで各協同組合が連携することはむしろ自然であり、提携協としても組織を超えた共通課題として東日本大震災被災地支援やTPP学習会の開催等に取り組んでいました。また規制改革推進会議による農協改革は、協同組合全体に対するものとして生協連からいち早く連帯のメッセージが発せられ、当時の中央会長が生協連会長を「最大の同志」と呼ぶなど、協同組合間連携の重要性を再認識する契機となりました。

いっぽうで一般に向けた協同組合理解のための発信ができておらず、2016年ユネスコ無形文化遺産に協同組合の思想と実践が登録されたさいも気運を盛り上げることができなかった反省も含め、新たな協同組合間連携組織のコンセプトは、①単協間の交流と相互理解を深め事業連携につなげる、②非営利・協同の価値を共有する組織と幅広く連携する、③広く県民に対し協同組合の理念を発信する、の3点に集約されました。

(2) 発足の経緯と留意点

発足の経緯を時系列でみると、2016年度当初より提携協幹事会（生協連の専務と中央会の常務）で検討。同年7月「協同組合のつどい」で提携協30年の到達点と課題を確認して、提携組織の刷新を宣言、9月に提携協代表者委員会（事実上の総会）で「神奈川県における新たな協同組合提携組織の検討について」を決定。これを受け各協同組合の県連がそれぞれの単協と関係団体に加入を呼びかけ、12月には提携協拡大代表者委員会（提携協と森連、W.Co連、労協の代表者）を開催し、新組織の規約と活動計画の素案を確認。2017年3月同委員会で規約と活動計画を決定、約100名が出席し「神奈川県協同組合連絡協議会発足式」の挙行となります。

加入呼びかけに当たっては、単協の参加と幅ひろい連携の実現に向け、①加入・脱退は自由、②行事や会議は増やさない、③経費は当面県域組織が負担、④事業と活動は両輪であるが、まず活動で知り合い事業につなげていく、⑤呼びかけ先にNPOや株式会社もあることから「非営利・協同」の理念を共有する団体による緩やかなネットワークを目指す、と説明しつつ、組織規模に応じて県域組織が代表して参加してもらうなど個々の事情に合わせ無理のない対応をお願いしました。また、名称は提携協と連絡会を合わせ「連絡協議会」としましたが、県連役員による協議体から会員団体のネットワークへの転換という意図を明らかにするため、「2018協同組合のつどい」を契機に、会員組織から募集した愛称「かながわCoーネット（以下Coーネット）」を使用しています。

3．Coーネットの取り組みと課題

（1）会員組織・運営体制

Coーネットの会員は2020年10月現在、84組織（生協23、農協18、漁協19、森組9、働き方の協同組合4、信用金庫1、関係団体10。設立後4組織加入、合併で3組織減）となっています（図5－1－1）。生協連と中央会の会長が共同代表に就き、生協連と中央会が事務局を担い双方の専務が統括します。県域組織が幹事組織となり当面の間経費を負担し、幹事組織代表者会議を年1回開催して活動計画と予算を決定することとしました。また発足時6名、現在8名の学識経験者にアドバイザーを委嘱しています。

（2）活動内容

Ｃｏ－ネットの活動内容は基本的には提携協・連絡会を継承していますが、設立趣旨に即した工夫や新たな企画を加えつつあ

図5－1－1　かながわＣｏ－ネットの会員組織一覧

かながわCo-ネット（神奈川県協同組合連絡協議会）　会員・アドバイザー　８４組織　（順不同・2020年8月31日）

【農業協同組合】　１８組織
横浜農業協同組合
セレサ川崎農業協同組合
よこすか葉山農業協同組合
三浦市農業協同組合
さがみ農業協同組合
湘南農業協同組合
秦野市農業協同組合
厚木市農業協同組合
県央愛川農業協同組合
かながわ酪農業協同組合
かながわ西湘農業協同組合
相模原市農業協同組合
神奈川つくい農業協同組合
神奈川県農業協同組合中央会
神奈川県信用農業協同組合連合会
全国農業協同組合連合会神奈川県本部
全国共済農業協同組合連合会神奈川県本部
神奈川県厚生農業協同組合連合会

【森林組合】　９組織
津久井郡森林組合
清川村森林組合
愛川町森林組合
伊勢原市森林組合
秦野市森林組合
松田町森林組合
南足柄市森林組合
小田原市森林組合
神奈川県森林組合連合会

【信用金庫】　１組織
城南信用金庫

【生活協同組合】　２３組織
神奈川高齢者生活協同組合
生活協同組合うらがCO-OP
生活協同組合ユーコープ
生活協同組合ナチュラルコープ・ヨコハマ
生活協同組合パルシステム神奈川
生活クラブ生活協同組合・神奈川
福祉クラブ生活協同組合
全日本海員生活協同組合
富士フイルム生活協同組合
医療生協かながわ生活協同組合
神奈川北央医療生活協同組合
神奈川みなみ医療生活協同組合
川崎医療生活協同組合
麻布大学生活協同組合
宇宙科学研究所生活協同組合
神奈川大学生活協同組合
東京工芸大学生活協同組合
横浜国立大学生活協同組合
横浜市立大学生活協同組合
全労済神奈川県本部
やまゆり生活協同組合
中央労働金庫　神奈川県本部
神奈川県生活協同組合連合会

【働き方の協同組合】　４組織
日本労働者協同組合連合会センター事業団神奈川事業本部
神奈川ワーカーズ・コレクティブ連合会
特定非営利活動法人　ワーカーズ・コレクティブ協会
企業組合ワーカーズコープ・キューピック

【アドバイザー】（50音順）　８名
佐藤幸也　関東学院大学教授　　白石正彦　東京農業大学名誉教授
高橋　巌　日本大学教授　　田代洋一　横浜国立大学・大妻女子大学名誉教授
田中夏子　農園Vento e terra　　富沢賢治　一橋大学名誉教授
藤本俊明　武蔵野大学准教授　　古沢広祐　國學院大学教授

【漁業協同組合】　１９組織
横浜市漁業協同組合
横須賀市東部漁業協同組合
長井町漁業協同組合
横須賀市大楠漁業協同組合
みうら漁業協同組合
三和漁業協同組合
葉山町漁業協同組合
小坪漁業協同組合
鎌倉漁業協同組合
腰越漁業協同組合
江の島片瀬漁業協同組合
藤沢市漁業協同組合
茅ヶ崎市漁業協同組合
平塚市漁業協同組合
大磯二宮漁業協同組合
小田原市漁業協同組合
真鶴町漁業協同組合
神奈川県内水面漁業協同組合連合会
神奈川県漁業協同組合連合会

【関係団体】　１０組織
神奈川県労働者福祉協議会
特定非営利活動法人参加型システム研究所
神奈川県消費者団体連絡会
共栄火災海上保険株式会社京浜支店
株式会社グリーンピア
株式会社神奈川県農協情報センター
株式会社神奈川県茶業センター
株式会社農協観光神奈川支店
丸福水産株式会社
公益財団法人かながわ生き活き市民基金

資料：かながわCoーネット事務局作成

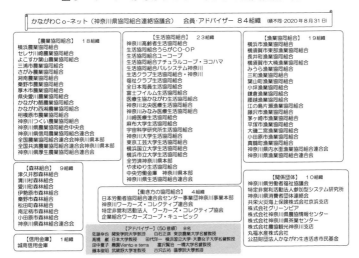

ります。２０１９年にはＳＤＧｓ達成への貢献を視野に入れた活動設定に向け、「ＳＤＧｓの目標を踏まえた中長期的な取り組みテーマ」を策定しました。

①協同組合のつどい

従来は講演やシンポジウム形式で交流の場となっておらず、小規模組織の参加は多くありませんでした。そこで、連携事例の報告や事業紹介ブース等で運営に参画してもらうことで、参加組織、参加者数とも増加しました。こうした流れのなか、２０１９年は労協が2年ごとに開催している全国集会が神奈川で開催されることとなり、「いま、〝協同〟が創る２０１９全国集会ｉｎ ｋａｎａｇａｗａ」と「協同組合のつどい」を一体化した連携開催とすることで、Ｃｏ－ネット会員の役職員・組合員が参加者としてだけでなく、実行委員や報告者、視察受入先として関係することとなりました。

②地産地消・協同活動現地学習会

ＩＹＣでの協同組合体験・交流学校を継承し、農林水産業や協同組合間連携の事例を現場で学ぶ企画を年数回開催しています。２０２０年は新型コロナウイルスの影響や、これまで参加者数がかぎられ発信力が課題であったことから、会員組織の現場を動画で紹介する企画を開始しました。

③諸情勢を踏まえた学習会、県内大学における協同組合論公開講座

協同組合を取りまく情勢理解のためSDGsやグローバル化についての学習会を年1回開催してきました。またアドバイザーと連携して関東学院大学で協同組合論の公開講座を開講しました。

④フードバンクかながわとの連携

公益社団法人フードバンクかながわは、Co－ネット会員組織でもある生協連と県内生協、労福協、中央会のほか、横浜YMCA等により2018年に設立されました。Co－ネットの活動計画で同フードバンクとの連携強化を掲げており、会員組織の多くがフードバンクかながわの会員となって食品寄贈を行うことで社会福祉協議会やNPO等との連携につながっています。

⑤「かながわCo－ネット通信」による情報提供

事務局より会員組織に対しCo－ネット行事の告知・報告や会員組織の連携事例、アドバイザーの講演会や新著等、協同組合間連携に関わる情報をEメールで不定期に発信しています。

２０２０年9月からは生協連ホームページへの掲載を開始しました。

（3）会員組織間の連携事例

生協と農協はじめ単協間の連携は従来から行われており、Ｃｏ－ネットの発足がかならずしも画期をなすわけではありませんが、増加傾向にあります。以下Ｃｏ－ネット通信で取り上げた会員間の連携事例の一部を示します。

①県農協茶業センターでの茶摘み体験等を経て生協での足柄茶の取り扱いが増加。
②生協・農協・漁協が連携して生協店舗で店頭イベントを開催、農協営農担当者と生協店舗担当者の意見交換会の開催につながり地場産野菜の取り扱い開始。
③農協直売所内のホールで、生協が地元野菜と生協商品を使用し夏休み親子料理教室を開催。
④複数の農協直売所で県漁連商品の取り扱い増加。県漁連直売所で農協の県産みかんジュース販売。
⑤生協が農協との共同研究会を経て農協組合員から農地を借り、農業体験農園を開園。
⑥生協と農協が「事業連携を通じた地域振興・地域貢献に関する包括協定」を締結。宅配事業や子育て支援活動等で連携。

⑦生協とW.coの共同企業体が受託している就労準備支援事業の実習を、農協の直売所で受入。
⑧農協女性部や役職員のフードドライブ品を、生協の配送拠点からフードバンクかながわへ寄贈。

類型にさほどの意味はありませんが、①②はイベントから事業の取引に発展した例、③④は既存の事業や施設を活用した例、⑤⑥は役職員間の話し合いにより新たな取り組みが生まれた例、⑦⑧は非営利・協同の幅ひろい連携につながった例といえます。ほかにも生協の宅配で定期的に地産地消企画を組み県内農水産物の供給に取り組む例や、労協が受託する放課後児童クラブと農協が協力して食農教育を行っている例もあり、組織文化の違いはあっても人的なつながりによって地域の視点で連携できることを示しています。

(4) 県域連携組織の課題

Co－ネット発足後、単協間の連携事例は増えているものの、まだ会員組織内でCo－ネットの認知度は高いとはいえず、役職員・組合員にCo－ネットの存在と連携の意義をどう浸透させていくかが課題です。また地域社会の活性化に向け県内の信用金庫、信用組合、中小企業等協同組合などにＣｏ－ネットへの参加を呼びかけるとともに、県境を接する森組間の業務連携事例もあるように県域に限定しないネットワークのひろがりが望まれます。（岩堀義一）

事例２〈地域連携型〉
愛知県における「おたがいさまセンターちゃっと」の取り組み

掃除やゴミ出し、買い物、通院、外出介助や草取りに話し相手など「高齢者の困りごと」を地域の住民が主体となった支え合いの仕組みで解決し、「ふつうのくらし」を維持しているのが、愛知県豊明市にある「おたがいさまセンターちゃっと」（以下「ちゃっと」）です。

南医療生活協同組合（以下「南医療生協」）とコープあいち、ＪＡあいち尾東の３つの協同組合が連携し、豊明市から住民主体型生活支援事業の運営を受託しています。

「ちゃっと」という名前には、この地域の方言の「すぐに」と、インターネットで使われるチャット機能の語源である「おしゃべりする」という２つの意味がこめられていて「困りごとを話し合いですぐに解決したい」という思いを表しています。

「ちゃっと」の仕組み（図５－２－１）は、まず、生活の支援を希望する市民（以下「市民」）が、「ちゃっと」の事務所に連絡します。すると、「ちゃっと」から生活支援コーディネーターが訪問し、希望する支援の内容を聞き取り、市民の希望する内容にあった支援者（以下「生活サポーター」）を手配します。同時に市民は30分以内250円の利用チケットを生活支援コーディネーターから購入して、支援に入った生活サポーターに渡すという形です。

生活サポーターは、受け取った利用チケットを換金することも、「時間貯金」としてためておくこともできます。「時間貯金」とは、支援として活動した時間を自分が困ったときに利用できる制度で、「ちゃっと」の大きな特徴です。生活サポーターの半数以上が、自分の老後のために「時間貯金」を選択しています。

なお、「生活サポーター」になるためには、生活サポーター養成講座を受講し、修了しなければなりません。したがって、支援に必要な基礎的な

図5－2－1　「ちゃっと」の仕組み

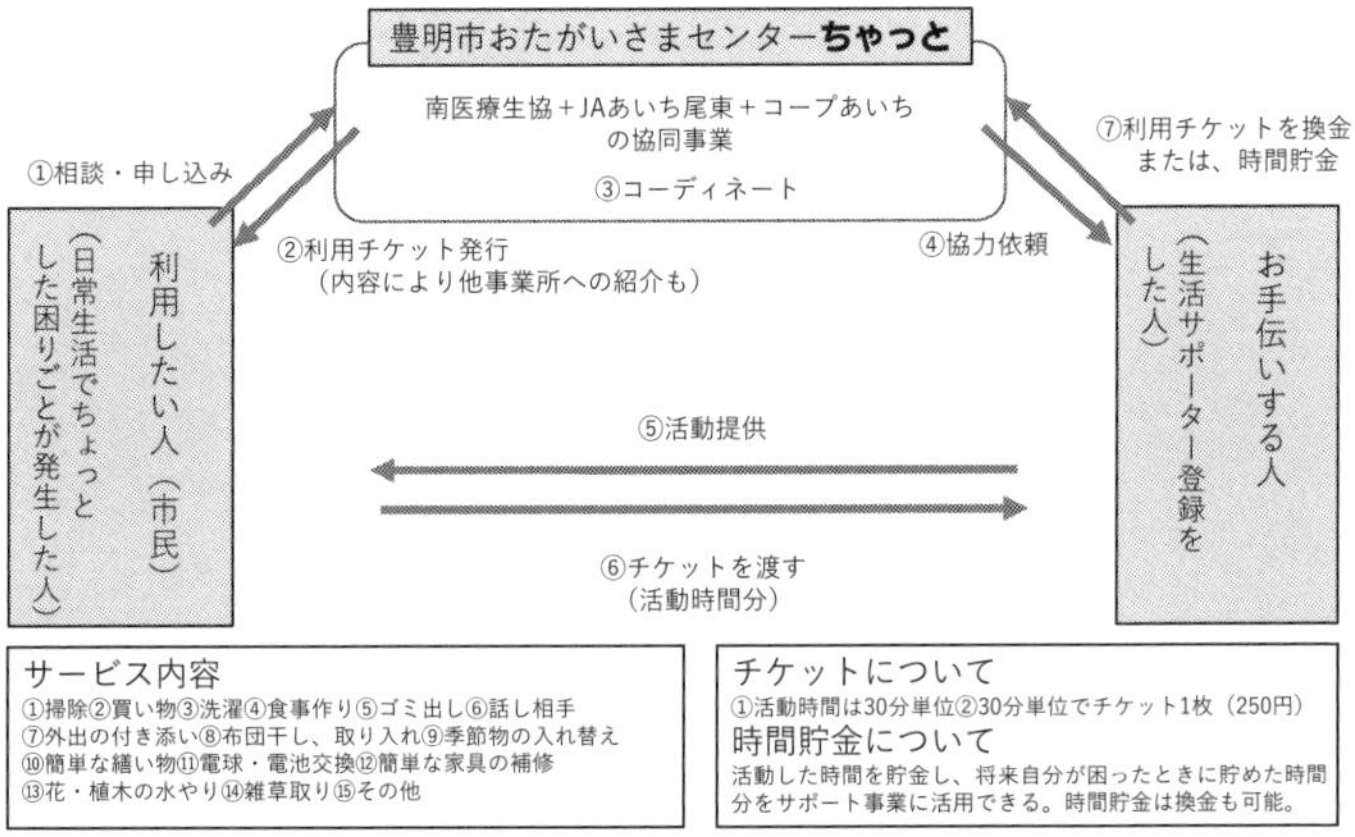
豊明市おたがいさまセンターちゃっと
南医療生協＋JAあいち尾東＋コープあいち
の協同事業
③コーディネート
①相談・申し込み
②利用チケット発行
（内容により他事業所への紹介も）
⑦利用チケットを換金
または、時間貯金
④協力依頼
利用したい人（市民）
（日常生活でちょっと
した困りごとが発生した人）
お手伝いする人
（生活サポーター登録を
した人）
⑤活動提供
⑥チケットを渡す
（活動時間分）
サービス内容
①掃除②買い物③洗濯④食事作り⑤ゴミ出し⑥話し相手
⑦外出の付き添い⑧布団干し、取り入れ⑨季節物の入れ替え
⑩簡単な繕い物⑪電球・電池交換⑫簡単な家具の補修
⑬花・植木の水やり⑭雑草取り⑮その他
チケットについて
①活動時間は30分単位②30分単位でチケット1枚（250円）
時間貯金について
活動した時間を貯金し、将来自分が困ったときに貯めた時間
分をサポート事業に活用できる。時間貯金は換金も可能。

出典：豊明市パンフレットより、ＪＣＡで一部加工

ことを身につけた地域の住民が市民の困りごとを解決するという、まさに「おたがいさま」の取り組みがこの「ちゃっと」の仕組みといえます。

「ちゃっと」のはじまりは、２０１５年の介護保険法改正で創設された総合事業として、住民主体の支え合いで「住民のふつうのくらし」を維持する仕組みを検討していた豊明市が、17年に生活支援活動に取り組んでいた南医療生協とコープあいち、ＪＡあいち尾東の３つの協同組合に相談したことです。

３つの協同組合が話し合い、南医療生協が取り組んでいた一人ひとりの困りごとを地域の組合員で支えて対応する「おたがいさま運動」をベースに、支援者の養成や依頼者と支援者のマッチング方法など、「事業の体制や運営方法」（仕組み）を決め、それぞれの協同組合のもつ運営方法のノウハウなども取り入れて事業の仕組みを整備しました。３つの協同組合で、すでに助け合い活動に取り組んでいた組合員を中心に参加を呼びかけて、生活サポーター養成講座を開催。50人が登録し、同年11月には「おたがいさまセンターちゃっと」の運営が開始されました。

「困りごとの受けつけ」や「それを手助けできる生活サポーターの手配・調整」は同センターの生活支援コーディネーターが行い、進捗状況や支援のなかで生じた課題の確認、そして年間の活動課題の確認などの全体の事業運営は３つの協同組合が毎月の推進会のなかで協議してすすめます。

なお、推進会議の事務局は南医療生協が担っています。そして、生活サポーターの養成講座や生活サポーター同士の交流支援、利用者を増やすための広報については３つの協同組合が協力して取り組んでいます。

「ちゃっと」の特徴として、３つの協同組合の連携に豊明市も積極的に関わっている点があげられます。サポーター養成講座や推進会議に市の関係部署から数人がかならず参加することや各地のサロンや老人会で行われる説明会や民生委員が広報のためのチラシを配布するさいにも市の職員がかならず参加し、「ちゃっと」をバックアップしています。

このような、行政と３つの協同組合の連携ですすめられている「ちゃっと」の利用者数は年間延べで２千７８３人、生活サポーターの登録人数は２９２人となっています。(1)

20年には送迎車「のってって号」を導入し、通院などの送迎にも対応するようになり、また、生活サポーターには医科大学の学生30名も登録し、粗大ゴミや重たいものの運搬を支援するなど新たなひろがりもみせています。


本稿は南医療生協の協力のもとＪＣＡが取材し、再構成しました。

（文珠正也）

事例3〈産消提携型〉

山形県における生活クラブ連合会とＪＡ庄内みどりの取り組み

山形県の最北端に位置する遊佐町は、山岳地帯から平野、砂丘、海という恵まれた自然条件が一体となった土地柄で、この自然条件を活かし、古くから減農薬栽培などほかの産地よりも環境に配慮した安全安心な米の生産が取り組まれていました。この遊佐町の生産者と生活クラブ生協の組合員が米の生協産直を通して、互いの絆を深め、地域農業と食を守り持続可能な社会と地域を発展させるため、さまざまな取り組みを行っています。

1. 共同開発米の産消提携から、ともに支え合う関係を築く

遊佐の生産者と生活クラブの出合いは、１９７０年に減反に反対する遊佐町の農村指導者たちが独自の米販売ルートを開拓するために上京したさい、生活クラブ生協と出合ったことにはじまります。米政策に反発し、農業を続けようとする生産者と、生活クラブ生協側の米の配給

に対する不満が両者を結びつけ、さらに消費者の団体である生活クラブ生協が米の流通に直接参画していこうとする思いが一致しました。そして、88年には「共同開発米」が誕生し、栽培の方法や品質、数量、価格などについて生産者と消費者が話し合って決定し、産地精米をメインにして流通させるという新しいスタイルの米づくりがはじまります。

とくに、毎年開催される「庄内交流会」での生産者と生活クラブ生協の組合員との直接交流は提携関係の基盤となっていきます。この庄内交流会では、生活クラブの組合員が生産現場を確認するのみでなく、両者が目指す未来を語り合い、互いに屈託のない意見を交換します。この交流を通じ、減農薬の米や野菜の開発という環境保全型の農業が促進され、地域の環境保護に対する意識啓発へもつながりました。

JA女性部は、当時生協組合員が取り組んでいた「せっけん運動」にも熱心に取り組み、水環境のたいせつさを訴えつづけるなど、この地域の環境保護において重要な役割を担っていきます。88年に月光川《がっこうがわ》の取水口上流へのアルミ再処理工場進出問題が起こったさいには、提携米を育む遊佐の環境を守りつづける立場から、生活クラブ生協は、遊佐町農協（当時）と協力して反対署名ならびにカンパ活動に取り組みます。この運動は、アルミ再処理工場の移転を実現し、そして90年の「月光川の清流を守る基本条例」制定に結実します。また、生活クラブ生協組合員がカンパを募り、1700万円ものお金を町へ寄付し、これをもとに環境保全基金が創

表５－３－１　生活クラブ生協連合会とJA庄内みどりの歴史

年	出来事
1968年	生活クラブ生協発足。同年、日本で初めて米の生産過剰が社会問題になる。
1969年	減反政策はじまる。
1970年	遊佐町の農村指導者たちが、独自の米販売ルートを開拓する取り組みをはじめ、生活クラブ生協と出合う。
1971年	食管法のもと、ササニシキ 3000俵から生活クラブとの提携がはじまる。
1973年	第１回「庄内交流会」開催。農協婦人部で石けん運動がスタート。
1988年	共同開発米の取り組みがスタート（品種・農法・価格・食べ方等全般にわたり、生産者と消費者が直接話し合いでつくりあげる）。
1990年	アルミ再処理工場移転。生活クラブより支援カンパを環境基金として積み立て。 遊佐町で「月光川の清流を守る基本条例」が制定される。
1992年	共同開発米の価格決定に「生産原価保障方式」採用。生活クラブでは米の登録制度による共同購入が実施される。
1993年	平成の大凶作（冷害）のなか「どんぶりーぱい運動」を展開し、生活クラブへ米を届ける。
1994年	独自の共済制度「共同開発米基金」を創設。
2004年	台風15号による潮風害で作況指数72。カンパ・激励の手紙に再起を誓う。 「飼料用米プロジェクト」スタート。
2005年	遊佐町全体で「GMOフリーゾーン宣言」
2006年	開発米部会員全員（483人）がエコファーマーを取得。
2008年	共同開発米はすべて「減農薬・減化学肥料栽培」へ。なたね栽培始まる。 平田牧場の全農場で飼料用米が給餌されるようになる。 「夢都里路くらぶ」の活動開始。
2012年	持続可能な地域社会をめざして「ゆめ遊佐プロジェクト」作成。 JA全農が遊佐町での太陽光発電事業の検討を開始。
2013年	生活クラブ・遊佐町・ＪＡ庄内みどり3者による共同宣言締結。
2015年	生活クラブ連合会第26回総会で「FEC自給ネットワークづくり」が生活クラブグループ共有のビジョンとなる。
2016年	共同宣言3者による大規模災害時の相互協力に関する協定締結。 JA全農から生活クラブが太陽光発電事業を引き継ぎ、提携生産者等との共同出資で、㈱庄内自然エネルギー発電を設立。
2018年	「減反政策」が廃止。 「酒田市生涯活躍のまち構想検討会」に生活クラブ共済連が参加、基本計画を策定。
2019年	庄内・遊佐太陽光発電所の運転開始。

資料：生活クラブ生協資料をもとにJCA作成

設されたという歴史をもっています。

また、93年の「平成の大凶作」のときには、遊佐町の生産者がそれぞれ米を拠出し、生活クラブ生協へ届ける「どんぶり一ぱい運動」を展開、生産者が消費者を支えるという運動を行います。翌94年には、大雨による水害等に備え、生活クラブの組合員とともに独自の共済制度「共同開発米基金」を創設するなど、地域を超えた支え合い、助け合いの関係を構築していきます。

2. 新しい発展段階へ

こうした50年を超える提携関係は、共同開発米部会に代表される遊佐町の生産者とそれを食べる消費者としての生活クラブ生協という関係から、新たな段階を迎えています。

08年には、「夢都里路《ゆとりろ》くらぶ」の活動が始まります。夢都里路くらぶとは、生活クラブの組合員が後継者不足で人手が足りない産地に赴き、作業の手伝いや農業をはじめたい人への就農研修を行い「生産への労働参画」を通じて地域社会の支援をしていこうという活動です。この活動をきっかけに家族で移住する組合員も出ています。

このように、新たな段階とは、単なる米や農水産物の販売チャンネルと供給先の関係にとどまらず、それぞれの提携関係を基礎に日本の第一次産業を守り発展させ、担い手を育成することにより持続的で安全安心な食料を供給し、かつ国内自給率を具体的な提携を通じて向上させていくということです。さらに、安全安心な食料の生産に不可欠で、かつ人間が生存しつづけていくために必要な水、空気、土壌などの自然環境を守りつづけ、次代に引き継いでいくことを意識した提携関係を積み上げるということでもあります。これらすべては、

図5－3－1　3者による共同宣言

地域農業と日本の食料を守り、
持続可能な社会と地域を発展させる共同宣言

遊佐町と生活クラブ生協及びJA庄内みどりの三者は、長い提携と交流の歴史の上に立ち、連携と共同のもとにお互いの地域、生活課題を解決していくために、手を携えて「地域農業と日本の食料を守り、持続可能な社会と地域を発展させる共同宣言」を締結する。

この宣言では、持続的食料生産を維持発展させ、食料生産と消費の関係にとどまらず、日本農業の生産構造の改革を通じて、私たちのくらしの維持向上を目指す。

1．私たちは、私たちの生命を維持する食料や、飼料、原料の国内自給率と農業、漁業、畜産など第一次産業の社会における価値を高め、国内の食の自立や、健康の維持増進、地域環境の保全をともに担う。

2．私たちは、生命の根源に関わる大気・水・大地等への環境破壊をもたらすような放射性物質や化学物質、またそれらを直接に破壊する行為を削減するため、NON-GMO宣言の推進など連携しながらそれぞれの立場で継続的に運動を進める。

3．私たちは、土壌・森林・河川・地下水・海などの自然資源の利用にあたっては、自然資源の地域内循環の維持再生を第一に心がけ、そのために継続的な活動を行う。

4．私たちは、日常生活及び生産活動における使用資源の省資源化など積極的なごみの排出抑制を行い、生活、生産の場からごみ削減のための取り組みを進める。

5．私たちは、日常生活及び生産活動において、使用するエネルギーをできる限り節減するとともに、生産活動においては、生産・流通のエネルギー効率の改善と、安全で持続可能な再生可能エネルギー資源の開発、利用を通じて、過度に原発に依存したあり方ではなく、持続可能な社会を目指す。

6．私たちは、それぞれの事業内容に関する事柄について、安全・安心・健康・環境などに影響を及ぼす情報は、できる限り、共有、公開し、私たちの相互間および地域社会の人々とともに連携し、協働による事業展開を目指す。

7．私たちは、日本の食料自給率の向上、食の安全をはじめ、くらしと生命を守るため共同してお互いのネットワークを強化するための取り組みを行う。

以上、宣言の具体的な取り組みのため、三者がそれぞれの事業計画の展開にあたって、常設の連携窓口を設置するものとする。

2013年1月26日

山形県飽海郡遊佐町
町長　時田博機

生活クラブ事業連合生活協同組合連合会
会長　加藤好一

庄内みどり農業協同組合
代表理事組合長　阿部茂昭

写真5－3－1　庄内・遊佐太陽光発電所（㈱庄内自然エネルギー発電）

遊佐町と遊佐町農業、生活クラブ生協組合員それぞれが抱えている地域課題や生活、組織課題を、提携と交流を通じて解決していくことを目指すステージとなるという共通認識から、13年、生活クラブ・遊佐町・JA庄内みどり3者による共同宣言を締結します（図5－3－1）。

15年、生活クラブ連合会は「FEC自給ネットワークづくり」をグループ共有のビジョンに掲げ、遊佐町に提携生産者との共同出資で「（株）庄内自然エネルギー発電」を設立。[2]大規模な太陽光発電所（写真5－3－1）の建設をはじめ、19年には電力の固定価格買い取り制度（FIT）による事業を開始し、同時に庄内・遊佐太陽光発電基金を設立。発電事業で得られた剰余金（利益）を農業後継者の育成や女性の活躍支援、地域の伝統文化の保存などを通じて地域に還元する仕組みも整備しています。生活クラブ連合会は、酒田市の「生涯活躍のまち構想」の協議にも参加し、「参加型福祉コミュニティ（ケアー）づくり」に協力することで庄内の地に食とエネルギーとケア（医療・介護）の自給圏を形成し、持続可能な地域づくりの実現に向けて新たな段階で活動をすすめています。

（文珠正也）

事例4〈地域連携型〉いばらきコープとJA常総ひかりによる「下妻ほぺたん食堂」の取り組み

ここでは、生協による、ＪＡ・社協・行政等と連携した、地域の居場所づくりの取り組みを紹介します。

1．連携する協同組合の概要

(1) いばらきコープ

いばらきコープは茨城県全域を区域とする生協で、組合員38・1万人(3)、供給高は４２１億円(4)です。県内３生協が合併して１９８８年に「いばらき生活協同組合」として誕生しました（93年に「いばらきコープ生活協同組合」に名称変更)。92年に、いばらきコープを含む関東５生協によるコープネット事業連合設立に参加しました（同事業連合は17年に「コープデリ生活協同組合連合会」に名称を変更。現在は7生協で構成)。

14年には、「ビジョン〜コープネットグループのめざす姿」を、コープネットグループ（現在のコープデリグループ）に参加するほかの生協とともに設定し、理念として「ＣＯ・ＯＰともに はぐくむ くらしと未来」、ビジョン（２０２５年のめざす姿）として「食卓を笑顔に、地域を豊かに、誰からも頼られる生協へ」を掲げました。

(2) JA常総ひかり

JA常総ひかりは、常総市・下妻市・八千代町の2市1町を区域とするJAで、5JAの合併により94年に誕生しました。組合員1万5722名（正1万451・准5271）、貯金高1590億円、長期共済保有高4658億円、購買品供給高50億円、販売品販売高・取扱高135億円（うち野菜71億円・米28億円・果実21億円・畜産12億円）となっています。年間を通じて多様な農畜産物が生産されており、経営理念として「地域農業の発展の中に当JAの発展の源泉があります」を掲げています。(5)

2. ほぺたん食堂の開設に向けて

(1) いばらきコープの食育教室「たべる、たいせつ」

いばらきコープでは、ビジョン「食卓を笑顔に、地域を豊かに、誰からも頼られる生協へ」の実現を目指し、地域貢献をすすめており、その一環として、2012年度から学校教育等への協力を行ってきました。2015年度からは毎年度「学校教育に役立つ学習ガイド」を県内の幼稚園・小学校に配布してプログラムを提案し、小学校を中心にさまざまな団体からの依頼を受けて食育教室・環境教室・減災教室・ユニセフ教室・職場見学・仕事体験を実施しています。20年度はコロナ禍により計5回の開催（参加133名）でしたが、19年度には計60回（参加2673名）を実施しました。[6]

プログラムのうち最も回数が多いのが、食育教室「たべる、たいせつ」です。「食育サポーター」に登録した組合員（現在14名。月1回の定例会で学習し知見を高める）[7]のうち3〜4人が1チームとなって小学校などに出向き、実習も交えながら「楽しく食べること」「日本型食生活」「地産地消」のたいせつさを伝えています。19年度には小学校で17回（参加643名）、子ども会・児童クラブ・公民館・社協・教育委員会生涯学習課・NPO法人などの依頼で18回（参加768名）が実施されました。

（2）子どもたちの食の現実からほぺたん食堂開設へ

ほぺたん食堂開設にさいしてリーダー的な役割を果たしたいばらきコープの組合員理事は、食育サポーターとして小学校等に出向き食育教室を行うなかで、「夕飯はお菓子だけ」「お弁当を一人で買って食べる」など、子どもたちの食の現実を知りました。「なんとかできないか」と生協内で話し合いをすすめた結果、「地域社会づくりへの参加」[8]を掲げる日本生協連の学習会で得られた情報などもヒントに、地域のだれでも来られる〝居場所〟として「ほぺたん食堂」を開設することを決めました。なお「ほぺたん」とはコープデリグループのキャラクターです。

3．関係団体の協力

（1）下妻市社協や行政が会場確保や広報で協力

最初のほぺたん食堂は、生協が下妻市社協とつながりをもっており、協力を得られることから下妻市で実施することになります。スタート時の会場は、社協がコミュニティカフェとして使っていた会場を、その休業日に使えることになりました。会場はその後、市の施設に移りましたが、市社協は、会場の確保や地域の諸団体との連絡を担いながら、下妻ほぺたん食堂に共催として継続して関わっていくことになります。

市行政も広報の面などで協力してくれることになりました。いばらきコープでは、毎年1回、新一年生のランドセルカバー贈呈のため、県内の全44市町村の首長訪問を実施してきました。また、宅配の配達中に高齢者や子ども等の異変を感じたときに市町村窓口に連絡し必要な対応を依頼する「見守り協定」を県および全市町村と結んでおり、こうしたつながりが活かされました。下妻市は後援として食堂に関わっていきます。現在の会場である「地域交流センターわいわいハウス」は市の施設で、無償で利用することができています。

（2）食材は地元ＪＡ等が協力

食材については、地元のＪＡ常総ひかりに協力を求めました。

茨城県には、２０１２年の国際協同組合年にさいして組織された県実行委員会を引き継ぐ「協同組合ネットいばらき」（以下「ネット」）があります。ＪＡ・生協・漁協・森林組合・労働金庫・労福協などさまざまな協同組合の県域組織、単位協同組合等が会員となって、シンポジウムや学習会、茨城大学での協同組合論講座、平和活動、東日本大震災等の被災地支援などに、ともに取り組んできました。いばらきコープもＪＡ常総ひかりもネットの会員です。

16年初め、ネットからの紹介で、いばらきコープがＪＡにほぺたん食堂向けの食材提供での協力を依頼しました。ＪＡは地域貢献や協同組合間連携の重要性から協力することを快諾し、地元野菜が無償提供されることになりました。肉についてはＪＡ全農いばらきが無償提供することになりました。ネットが間に入ることで、ＪＡや全農いばらきとの協力関係をスムーズにつくることができたといいます。

この協力関係をきっかけにＪＡと生協の連携は強まり、いばらきコープの食育教室のプログラムの一つ「茨城を食べよう！キッズマルシェ」（子どもたちが野菜や果物について学び、その販売を体験することで食の知識やコミュニケーション力を身につける）のＪＡ直売所での開催が18年９月に実現しています。

4．下妻ほぺたん食堂のスタートと実施状況

こうした関係団体との連携のもと、２０１６年5月19日に第１回の下妻ほぺたん食堂が実施されました。生協が運営する子ども食堂としては全国初ともいわれています。[9] 以降毎月１回、第３木曜日に実施されていきます。

食材については、ほぺたん食堂の開催日に、ＪＡが運営する〝旬菜・やちよ〟農産物八千代直売所で、生協から注文を受けた食材を、ＪＡがその日に出荷されたものから選んで準備し、受け取りに来た生協組合員に渡します。

食材を受け取った会場では、生協組合員や地域のボランティアが食事を準備し参加者に提供します。毎回の参加者はおおむね30～40人。地元高校のボランティア部の生徒たちも配膳を手伝い、また、子どもたちに勉強を教えたりしています。

お話を伺ったいばらきコープの組合員理事によれば、参加した子どもとおじいさんがほかの場所でも挨拶するようになるなど、コミュニティが少しずつひろがっていくことが実感されているとのことでした。

ほぺたん食堂の取り組みは拡大し、現在は県内４か所（下妻市、常総市、結城市、土浦市）で開設されています。[10]

5．ほぺたん食堂を支えた要因

生協組合員が中心となって地域の人たちとともに運営や調理を担いながら、組織としての生協の支援、ＪＡ、社協、行政など関係団体の協力のもと実施され、多世代の参加者が集う下妻ほぺたん食堂は、地域の人たちの食を豊かにするとともに、地域の人たちの居場所となり、そのつながりを強め、地域のコミュニティを豊かにしているといえます。

下妻ほぺたん食堂の歩みを支えた要因として、以下のことがあげられます。

①いばらきコープが「笑顔の食卓」「豊かな地域」をビジョンとして明確に掲げたこと。

②いばらきコープが、ビジョンに基づき学校、行政、社協、ＪＡなどほかの協同組合との連携を強化してきたこと。また、県域の「協同組合ネットいばらき」が協同組合同士の連携強化の場となったこと。

③生協組合員が食育活動に主体的に関わり、地域の課題を感じ取り共有し自ら動き、地域の人たちとともに実現・運営を担ってきたこと。生協も、組合員がその思いを形にしていく取り組みを支援したこと。

コロナ禍のもと、下妻ほぺたん食堂は20年3月以降、休止を余儀なくされます。20年4月に運営を担う生協組合員やボランティアによる今後に向けた話し合いがなされましたが、ボランティアには高齢の方が多いこともあり、開催を当面見合わせることとしました。コロナ禍での貧困や孤立などが懸念されるなか、地域のつながりを取り戻し、助け合いの輪をひろげていくため、その再開（あるいはそれに代わる取り組みの工夫など）に向けて、各協同組合の組合員や地域の人たちが、知恵を出し合い協同の力を発揮していくことが重要だと思われます。

（前田健喜）

事例5〈事業連携型〉 静岡県におけるJAと生協の宅配事業連携(11)の取り組み

1．はじめに

静岡県経済農業協同組合連合会（本部：静岡市。以下、JA静岡経済連）と生活協同組合パルシステム静岡（本部：富士市。以下、パルシステム静岡）・パルシステム生活協同組合連合会（本部：東京。以下、パルシステム連合会）は、2018年10月より、宅配事業の連携を開始しました。ＪＡは組合員にパルシステム静岡の宅配利用をすすめ、希望するＪＡ組合員はパルシステム静岡の組合員となります。当初は、県西部の３ＪＡからはじめ、県内のほかＪＡにもひろげていく計画でしたが、買い物困難の解消のため中山間地での配送も検討していきます。

ＪＡや生産者と生協の事業上の連携としては、１９６０年代頃からはじまった産直がよく知られ、最近では宮城県などで店舗事業の連携もみられるようになりました。しかし、生協の主力業態である宅配事業での本格的な連携は静岡県がおそらく初めてです。静岡県での取り組みをきっかけに、２０１９年４月より新潟県や神奈川県でも事業連携がはじまりました。

こうした取り組みは、地域の活性化にもつながります。さらに、生協の宅配事業は全国で展開されており、より多くの県域において新たな事業連携が可能になる点でも注目されます。

本稿では、静岡県における宅配事業の連携のきっかけ、仕組み、現状をみるとともに、後進が取り組む場合の課題について考えます。

2．両協同組合の現状

ＪＡ静岡経済連は、１９５０（昭和25）年に設立され、会員数30、出資金36・58億円、総取扱高１４１６億４２９７万円となっています（２０１９年度）。静岡県のＪＡグループは、Ｊ

A数17、組合員数44万883人です（うち正組合員13万6528人。2019年度）。なお、伊豆半島を含む県東部の8JAは2022年4月の合併を目指しています。

パルシステム静岡は、パルシステム連合会の一員として、2007年に設立され、組合員数3万1877人、出資金3・7億円、事業高35億9705万円となっています（2019年度）。事業は宅配のみで（店舗なし）、三島市、沼津市から浜松市、湖西市など県東部から県西部を中心に展開しています。コロナ禍のなか一人親家庭への食品提供活動に協力するなど、社会貢献活動にも熱心です。

パルシステム連合会は、1都11県の単位生協など13会員が加入、パルシステムグループの商品企画・仕入、商品案内の作成、商品の仕分けと会員生協の配送センターまでの配送業務など、いわゆる事業連合機能を果たしています。グループ全体の総事業高2210・3億円、出資金128・4億円、組合員数162・6万人です（2019年度）。活動エリアは宮城県から静岡県までとなっており、パルシステム静岡は最も南に位置します。政府の第1回「ジャパンSDGsアワード」（2017年）ではSDGs副本部長（内閣官房長官）賞を受賞しています。

なお、静岡県内では、ほかに生活協同組合ユーコープ、生活クラブ生活協同組合（静岡）などがあります。

３．事業連携のきっかけと目指すもの

（１）ＪＡ静岡経済連での検討

ＪＡ静岡経済連は、食材宅配事業「ふれあい便」を推進してきました。これは、１９９０年にＪＡ女性組織等の食品共同購入運動として、ＪＡ静岡中央会が開始し、２００２年にＪＡ静岡経済連生活部に移管されました。「安全・安心」な食材を宅配することで、組合員の食生活を守る事業と位置づけられ、とくに、食品添加物をできるかぎり使用しない、遺伝子組み換え商品は扱わない、できるかぎり国産原料を使用することを追求するもので、その点でパルシステムグループとの共通点が少なからずありました。

「ふれあい便」のカタログは、３か月に１回発行され、青果・肉・魚・総菜・一般食品など約３８０品目が掲載されていました。取り扱いは県西部の５ＪＡで、約９００名の組合員が利用。ＯＣＲ注文書に注文を記載、それをＪＡの担当者が回収し、自前の仕分けセンターで処理し、委託業者が個別配送します。カタログ掲載の品数が少なく、発行頻度が３か月に１回であり、また注文から配達まで２週間かかっていたため、利用者のニーズに応えられず、利用は古くからの組合員にかぎられ、事業の継続は難しい状況にありました。

このため、２０１５年頃から事業を継続させつつ効率性を追求するにはどうしたらよいかの

検討を行い、この結果、「ふれあい便」を強化するのではなく、他事業者と連携することとし、さらに検討をすすめました。最終的に、毎週発行されるカタログと翌週配達など利用者の利便性が向上すること、「安心・安全」な商品を豊富に取り扱っていること、地産地消に積極的であること、また協同組合として「組合員への奉仕」という目的が共通していること等を評価し、パルシステム静岡を選ぶこととなりました。一方、県内の一部ＪＡは、２０１０年頃からパルシステム連合会とチンゲンサイやキャベツ、イチゴなどで取引をはじめていました。

ＪＡ静岡経済連とパルシステム静岡が接触をはじめたのが２０１５年ですから、その後2年以上かけて、双方の視察や意見交換を行った結論でした。

(2) 双方にとってのメリット

パルシステム静岡は、設立から10年ほどということもあり、事業展開は県東部から中部にとどまっており、西部をはじめ県内全域への展開が目標となっていました。ＪＡとの連携は「飛躍するよい機会」でもありました。

ＪＡ静岡経済連にとっては、生協との連携が「組合員の利便性を最優先する」ものであるとともに、県内農畜産物の地産地消、県外への販売拡大により農家所得の向上を目指すものでもありました。パルシステム静岡が県全域に展開し県産品の取り扱いを拡大すれば、県内での地産地消がすすみます。さらに、先に紹介したように、パルシステムグループは、静岡県から近い首都圏を中心に事業展開しており、新鮮で品質のよい農畜産物をパルシステム組合員に届けられれば、県農畜産物のファンづくり、ひいては県農業の振興にもつながります。

このため、各JAの食農イベントへのパルシステムの協力、JA女性部とパルシステム役職員との交流会、県内農畜産物の取り扱い拡大がすすめられています。また、買い物困難地域の課題解決のためJA静岡経済連・JA・パルシステムによる打ち合せが行われています。なお、県西部の中山間地はとくに買い物困難な地域が多いですが、2020年10月からパルシステム静岡による供給が始まっています。ここで得られたノウハウは、同じく買い物困難地域を抱える伊豆半島等での活用も期待されます。

4. 宅配事業連携の仕組み

事業連携は2018年10月、西部の3JA（遠州中央、掛川、遠州夢咲、約800名）からはじまりました。事業連携開始にともなう新規投資はシステム変更など最小限にすることとし準備がすすめられました。2018年7月には、JA静岡経済連による「ふれあい便」事業は終了し、使用していた仕分けセンターをパルシステムが借り受けました（2019年11月に移転）。

ＪＡ静岡経済連や各ＪＡは、パルシステム静岡とともに、ＪＡ組合員にパルシステム静岡の宅配について説明を行い、希望するＪＡ組合員にはパルシステム静岡の組合員として加入してもらいます。ＪＡ静岡経済連や各ＪＡは、イベント・学習会のさい、パルシステム商品の試食会、新商品の紹介などを行い、利用促進も行います。

毎週の商品供給は、パルシステム静岡が行います（配達はパルシステム連合会の子会社である（株）パルライン）。ＪＡ組合員によるパルシステム静岡の利用代金は、パルシステム連合会からＪＡ静岡経済連に提供されるデータに基づき、ＪＡバンク個人口座から引き落とされます。決済代行や利用促進などの手数料として、供給金額に一定率を乗じた額がパルシステムからＪＡ静岡経済連とＪＡに支払われます（図５－５－１）。

5. 宅配事業連携の到達点と課題

図５－５－１　宅配事業連携の概要

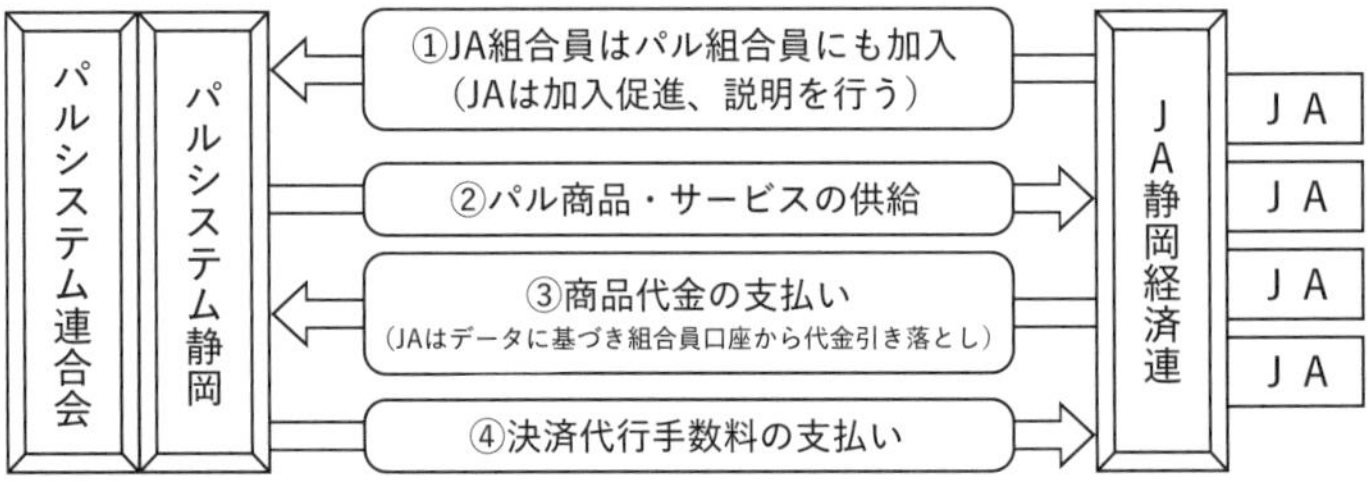

資料：ＪＡ静岡経済連・パルシステム静岡の資料より筆者作成

（1）事業連携の到達点

事業連携は、現在4ＪＡ（2019年7月にＪＡ静岡市が加わった）にひろがっており、パルシステム静岡に加入したＪＡ組合員は累計1572名、利用額（供給実績）は**表5－5－1**のとおりとなっています。

（2）今後に向けた課題

静岡県における宅配事業連携は、目指している県全域へのひろがりはやや遅れているようです。これは、コロナ禍の影響とともに、県内のＪＡ数が多いこともあります。また、宅配をはじめさまざまな連携を通じ、地産地消の推進や買い物困難への対応などで地域貢献をすすめることが期待されていますが、そうしたテーマ（課題）ごとの組織的検討もさらにすすめる必要があります。

宅配をはじめとする事業上の連携は、地域における協同組合の役割をひろげるうえで、多くの可能性をもっており、今後ほ

表5－5－1　パルシステム静岡に加入したJA組合員の人数と利用額

年度	事業連携ＪＡ数	加入組合員（人）	利用額（千円）	1人当たり利用額（円）
2018年10月～翌3月	3	745	56,526	4477
2019年4月～翌3月	4	461	150,217	4310
2020年4月～8月	4	366 累計1572	73,996	4477

資料：パルシステム静岡の資料より筆者作成。なお、2020年度の加入組合員数は4月～12月の合計。
2020年度の利用額は8月までだが、一般に下期の方が利用額は大きくなる。

かの都道府県でも展開が考えられます。それを開花させるためには、静岡県で行われたように、事前によく意思疎通や組合員を含む交流をすすめること、事業上の設計を入念に行うとともに、事業連携や地域貢献において「目指すもの」を互いにすり合わせていくこと、それを具体化するための組織的検討を位置づけていくことが求められます。

（青竹豊）

事例6〈学習会・イベント型〉北海道における、地域まるごと元気アッププログラム（ゆる元）の取り組み

1．まる元・ゆる元の位置づけ・仕組みと到達点

「まる元」「ゆる元（まる元のゆるゆる版）」は、道内の各市町村が主催する高齢者向けの運動教室で、NPO法人ソーシャルビジネス推進センターが委託を受けて実施しています。北海道生協連では、このまる元・ゆる元の目的である「高齢者の健康や認知機能を維持し、高める」ことを地域づくりの一環と位置づけ、協力・連携しています（なお、「まる元」はコープさっぽろと北翔大学とNPO法人ソーシャルビジネス推進センターとの協働事業として取り組んで

います。詳しくはhttps://www.maru-gen.com/をご覧ください）。

「まる元」は、現在道内25の市町村で、週一度、1回1時間で1日3教室、年間48回開かれています。登録者数は約1500名。健康運動指導士の資格をもったセンターの職員13名（全員が、コープさっぽろの出向者かつ北翔大学の卒業生）が、1クラス25名の定員で安全を心がけて指導します。

運動は基本的に椅子に座って行いますが、立って行うゲームもあります。教室のモットーは「まちがっても笑ってごまかす」こと。運動中は笑いが絶えず、参加者は毎週楽しみに通っています。週一で開催するのは、人の筋肉は運動後10日間で元に戻るので、それを防ぎ、筋肉を蓄積していくためです。北翔大学の生涯スポーツ学部の研究によれば、まる元で確実に体力がつくことが明らかになっています。

今年からは「お試しまる元」という取り組みもはじめています。「まる元」は、話を聞いたり、DVDで見ただけではよさがわかりません。実際に参加することで、楽しさと効果を味わうことができるのです。しかし、北海道はひろく、気軽に近隣の自治体で体験してもらうことができません。そこで、センターとコープさっぽろが費用を負担する形で、3か月間の無料体験の機会を提供することにしたのです。この「お試し」の成果として、今年、すでに2町村で新たに「まる元」の導入が決まりました。

ただ、「まる元」は、1自治体につき定員25名の3クラスですので、最大75名しか参加できません。住民のごく一部しか恩恵を受けられないため、市町村の側から「もっと多くの住民にひろげられる運動と仕組みをつくってもらえないか」と要望を受けていました。

そこで、北翔大学と共同で開発したのが、健康運動指導士がその場にいなくともできる「ゆる元」です。すべての運動を椅子に腰かけて安全にでき、運動効果も高いという特徴があります。「ひとりゆる元」と「なかよしゆる元」の2種が用意され、一人で自宅で行うこともできますし、

ゆる元体操のご紹介

高齢者を指導者に「まる元ゆるやか版」＝「ゆる元」

「ゆる元体操」は、おひとりでも仲間と一緒にでも楽しめる体操です。「ひとりゆる元」と「なかよしゆる元」の2つの内容で構成されており、それぞれ10～15分にまとめられています。椅子に座ったままで行ないますので、どなたでも安全に取り組むことができます。簡単にできるものから、少し複雑で考えながら行うものまで、頭と体を十分に動かす内容として、以下の3つが目標です。

① いつまでも、しっかりと自分の足で歩くことができる活動的なカラダでいることができるように。

② 楽しいとかうれしいと感じられ、四季の移り変わりを感じられるココロでいることができるように。

③ 大切なことを考え、必要なことを憶え、間違いのない判断ができるアタマでいることができるように。

■ DVD付きのテキストをご紹介します。DVDは、全部を通して見ることも、一つ一つの運動ごとに見ることもできるように作られています。このテキストを使用した「ゆる元指導者認定」の講習や試験を行っています。

いつでもどこでもできる
ひとりゆる元
「肩の体操」
肩を動かし、背筋を伸ばして姿勢の改善を目指す運動です。

みんなでいっしょに楽しめる
なかよしゆる元
「グーパー体操」
左右を入れ替えながらの手指と腕の運動です。

発行　特定非営利活動法人ソーシャルビジネス推進センター
購入希望者の方は右記へメールで連絡ください。

発売　株式会社北海道認知症予防協会
ninchisho.yobou.dekiru@gmail.com

価格　1,000円（税込）＋送料（10冊以上ご注文の場合、送料無料）

「ゆる元体操」指導者認定講座

安全に実施できる「ゆる元体操」をより多くの方に実践していただけるよう、北翔大学が「ゆる元指導者認定」講座を行います。正しく安全に指導を実施することができる「初級指導者」、より楽しく運動を普及させるアイディアを提案できる「中級指導者」、地域で普及させるための計画立案ができる「上級指導者」の認定講座となります。

2日間6時間の講座（免除規定あり）と実技テストにより、北翔大学が認定証を発行し、NPOがビブスを貸与します。認定された指導者は、地域包括支援センターやボランティアセンターなどに登録し、自治体と連携しながら安心して活動することができます。

「ゆる元体操」指導者制度は、高齢住民に運動習慣を広く普及させる効果と、介護予防活動への積極的な参加の道を元気な高齢者に広げる効果をダブルに持つものです。

ビブス

認定証

活躍が期待されるソーシャルキャピタル
・介護予防サポーター　・民生委員
・地元高校のボランティア部　・「まる元」参加者
・介護福祉士等の専門職員　・住民有志など

資料：NPOソーシャルビジネス推進センター

老人クラブなどで二人以上で行うこともできます。

なお、「ゆる元」では、一般の方が「ゆる元」の理念・目的、医学的な基礎知識、運動指導の方法、コミュニケーションの力、実技などを学ぶ「ゆる元指導者養成講座（6時間）」を受け、実技テストに合格したら、北翔大学の学長の認定証が発行され、「ゆる元」の指導者になれる仕組みがあります。現在までに広島県や岩手県も含め、約700名が初級指導者となり、さまざまな場所で指導に取り組んでいます。

中級指導者へのスキルアップも可能で、初級から中級に上がるには、30回程度の指導実績と講習の受講、さらに試験への合格が必要ですが、すでに数十名が中級指導者となっています。

2. 協同組合ネット北海道との協働・連携活動

この「まる元」「ゆる元」の協同組合間連携は、北海道ろうきん職員による教室の体験からはじまりました。彼らは、各地で行われる教室に参加したほか、ろうきんでの支店長会議のさいに体験会を開くな

どし、教室への理解を深めました。

また、JAでは、JA厚生連の協力のもと、指導者養成に取り組んでいます。さらに、厚生連病院においては入院患者の認知機能の低下防止に教室を実施しています。2020年度は、9月に協同組合ネット北海道として学習会を開催し、15団体21人が参加。講師はセンター理事長の相内俊一氏が務め、「まる元・ゆる元」の考え方・仕組みについて学び、各組織での取り組みについて意見交換しました。また、11月には、ワーカーズコープ単独の学習会を開催、実参加45名でオンラインを含めると100名参加となりました。講師は同じく相内氏が務めました。

協同組合ネット北海道では、2020年・2021年事業計画の共通推進課題「健康で安心して暮らし続けられる地域社会づくりに向けた社会貢献活動」として、「こども食堂支援活動」と並び、「ゆる元活動支援活動」を位置づけ推進しています。コロナ禍で人と人との接触が困難な状況が続いていますが、各協同組合が育ててきた地域社会との信頼関係と各地域でのインフラとしての役割、さらに社会・経済・政治的影響力を活かし、行政をはじめ諸団体との連携推進で「高齢者と子供たちの安心して元気な生活実現」への貢献を目指し活動します。行動の合言葉は「ゆるやか・あい

のり・やってみる」です！

（北海道生活協同組合連合会）

事例7〈地域連携型〉
広島市「協同労働」プラットフォームの取り組み

広島市は2014年度より、おもに60歳以上の市民を対象に、協同労働の仕組みを利用した事業の立ち上げを支援しています（事業はワーカーズコープ〈労働者協同組合〉が受諾・運営）。この仕組みを活用して立ち上がった団体は25団体となっています。本稿ではその活動のなかから「アグリアシストとも」の事例を取り上げます。同事例は、地域住民を主体として、地域の協働でそれぞれの地域課題を解決していくさいの活動のおこし方や持続可能な活動とするための事業計画の作り方など、たいへん参考となる取り組みといえます。

1．広島市の「協同労働」モデル事業の概要

〝みなが自らできる範囲で出資し、対等な立場でアイデアを出し合って、人と地域に役立つ仕

事に取り組むこと〟が「協同労働」です。仲間とともに地域課題の解決を目指し、一人ひとりが主人公となるのが協同労働の特徴です。

広島市は、就労や社会参加を希望する意欲と能力のある60歳以上の方が中心[12]となって、地域課題の解決のために「協同労働」という働き方で取り組むことを推進するためのモデル事業を実施しています。具体的なサポートは、①専門のコーディネーターが事業立ち上げをサポート。②立ち上げ費用の2分の1（上限100万円）を広島市が補助金としてサポート。さらに、③立ち上げ後も専門のコーディネーターが支援するという3つのサポートから成り立っています。そして、この専門のコーディネーターをワーカーズコープが担っています。

これまでに、障がい児の支援事業や一時預かり・宿泊体験等の障がい者の居場所づくりに取り組む団体、広島豪雨災害の被災地の住民の「こころ」の復興と防災・減災の啓発を目的とした団体、そして超高齢化社会に備え、住民ネットワークを強化し、町内会や自治会の機能を回復、代行する団体など、さまざまな地域課題に取り組む団体が設立されています。

2. アグリアシストともの活動

「アグリアシストとも」は会員数14名（うち女性1名。全員60歳以上）、協力者5名で構成されています。主な活動地域は広島市安佐南区の伴・大塚地域で、「農業等の困りごとを解決することを目的」に、２０１８年9月発足しました。会員の半数はＪＡ広島市の理事・総代が参加しており、ＪＡ広島市伴支店・大塚支店が情報カードをもとに組合員宅を訪問し、困りごとや依頼事項を集めるなどのサポートをしています。

現在、農業従事者の多くは後継者問題を抱えており、今後休耕田や耕作放棄地が多くなる可能性が高くなることが予想されています。また、農業従事者の多くは高齢者で、体力面や農業を取りまく環境面において多くの課題に直面しています。このような状況を解決するためにＪＡの総代や理事が自ら立ち上がり、ＪＡ広島市（ＪＡ伴支店）とも連携して伴地区の農業を将来にわたって楽しく持続していくことに賛同する仲間を募り、伴地区のまちづくりに側面から貢献し、独自の農業をつくり上げることを目的とした事業をはじめようとしたことがきっかけです。

主な活動は、①伴地区の農業を取り巻く困りごと支援事業（農地の草刈り、荒起こし、農機具の整備に関する相談等）②伴地区の農業を持続させる事業（後継者に困っている農家の方と農業に興味のある地域住民をつなげる事業など）③地域の環境保全に関する事業の３つになります。

3.「協同労働」プラットフォームの特徴

地域の課題に気づいていても、一人で立ち上がり、その課題を解決するために事業をはじめるのはたいへんです。また、継続しなければ貢献できません。そこで、広島市のモデル事業の場合は、仲間づくりから事業計画、資金計画まで次にあげる7つのポイントを中心にワーカーズコープがコーディネートすることで、参画する一人ひとりが主人公となり、地域課題に取り組む態勢づくりを支援しています（図5－7－1）。

（1）仲間づくり（メンバー探し）

知り合いだけで始めるのではなく、同じテーマの地域課題に関心のある住民を探すために学習会を繰り返し開催します。参加した人たちに声をかけるところからスタートし、自分たちと同じ思いをもつ住民を探します。なお、

図5－7－1　アグリアシストとも　の構図

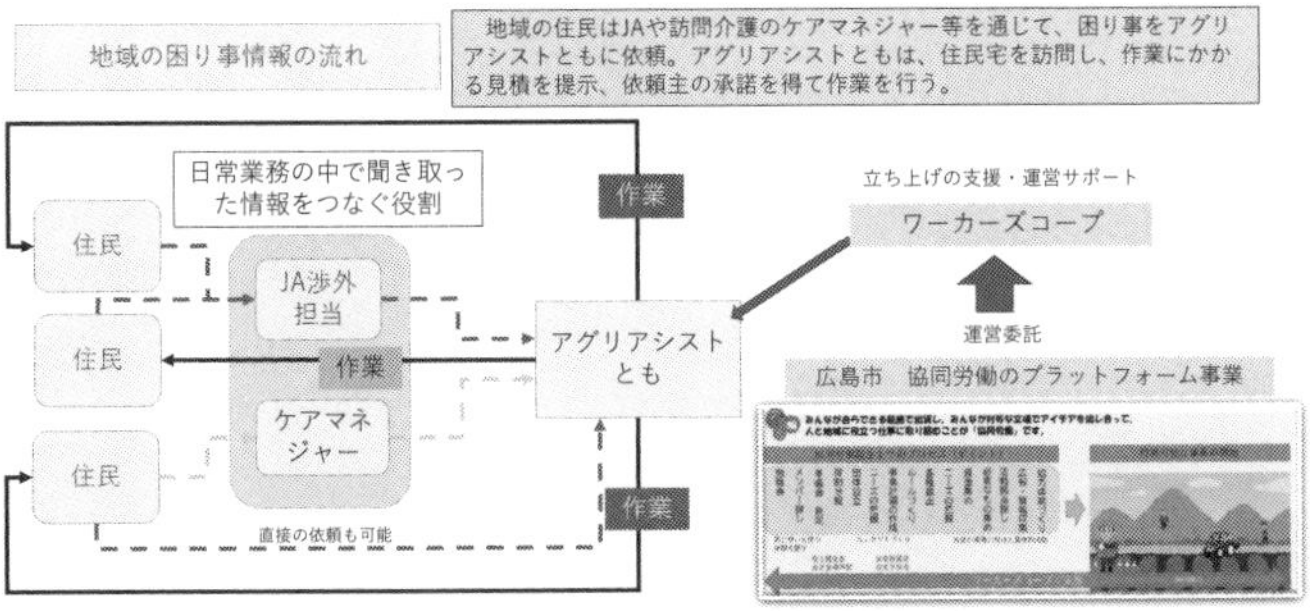

JCA作成

このとき、地域の具体的なニーズも同時に把握し、事業内容に反映するようにします。

(2) 準備会の設立・役割分担

仲間が集まったら、事業を具体化するための準備会を立ち上げます。このさい、自分たちの団体が事業を行うのに必要な人材、求める人材（例えば、機械修理ができる人が必要、営業向きの人材が必要等）もきちんと検討し、役割分担に活かすことで、メンバーの意欲も高めます。メンバーにやらされ感がないようにするのがポイントです。

(3) 事業計画の作成

あらためて、地域のニーズを調べ実現可能な事業の計画を作成します。このさい、予算や規模も具体的に検討し、記録しておくと実行可能でかつ検証可能な有効な手立てになります。

(4) 運営のための規約・ルールづくり

事業をはじめる前に、スムーズな運営を行うために必要な規約や具体的なルールも、しっかりメンバーで話し合って定めます。

(5) 行政機関等への届け出

事業の内容により行政機関等に届け出が必要な場合があります。サポート団体とともに確認しながら確実にすすめます。

代かき代行のようす

（6）資金計画、収支計画の作成

このモデル事業では3年間の収支計画を作成しなければなりません。そのために資金計画もきちんと検討します。協同労働は自ら出資することが基本ですが、すべてを出資金で賄うのではなく、補助金やそれ以外の資金集めもサポート団体と相談しながら計画します。

（7）そのほか

①活動に必要な器具や機材、②拠点、③行政や自治会・NPO等の他団体との協力体制、④伝え方（宣伝・広報）についても、「協同労働」のプラットフォームではしっかりと検討することになっています。

地域課題の解決を組合員自らが行うことは、ロッチデール公正先駆者組合のように、協同組合の原点です。しかし、大きな協同（既存の協同組合）はきめ細かな対応ができない場合があり、「アグリアシストとも」のような「小さな協同」を各地にひろげ、それをネットワーク化し大きな協同はそれをサポートしたり連携することで、協同組合セクターとして地域課題により効果的に取り組むことが可能になると思われます。広島市の例はその先駆的な取り組みといえます。

（小暮航）

事例８〈事業連携型〉
香川県におけるＪＡと生協の事業連携の取り組み

１．はじめに

ＪＡグループと地域生協の店舗事業における連携では、宮城県でのＡコープとコープみやぎが共同運営を行った「Ａ＆ＣＯＯＰ新松島店」、「Ａ＆ＣＯＯＰ角田店」の事例があります。この事例は業務の効率化・経営資源の節約を目的とした本格的な店舗事業の共同運営です。ここで紹介するＪＡ香川県と生活協同組合コープかがわ（以下コープかがわ）の店舗事業における連携は、宮城県の事例とは異なり、お互いの店舗を隣接させて双方の組合員利用による集客効果や商品供給サイクルの改善、商品の補完機能、商品構成の効率化などを狙った取り組みです。

２．ＪＡ香川県・コープかがわ両組合の現状

（１）ＪＡ香川県

ＪＡ香川県は、２０００（平成12）年に県下43ＪＡが合併して設立されました。１９９３年

の県農協45周年記念大会で「県下単一ＪＡ構想」が決議され、１９９７年には「香川県単一ＪＡ調査研究協議会」が発足。さらに１９９８年の県農協50周年記念大会では、「県単一ＪＡの早期実現」に関して決議され、香川県単一ＪＡ合併推進協議会が発足しました。じつに合併までに7年の時間を要しました。

現在では、正組合員約6万１０００人、准組合員約7万９０００人、合わせて14万人、職員数３３４５人、出資金２５４億５０００万円の巨大なＪＡとなりました。また事業取扱高では、販売品取扱高３９５億７０００万円、購買品供給高１８９億円、連結子会社5社となっています（２０１９年度末実績）。

（2）コープかがわ

コープかがわは、１９６６年（昭和41年）に設立され、出資金は79億３０００万円、組合員数19万１０００人、供給高１８１億５０００万円、正職員数２６０人、定時職員数６７３人、職員数合計９３３名（２０１９年度末実績）となっています。

また店舗事業では、ＳＭ型店舗の「コープ店」が12店舗、地域密着型の小型店舗の「ここね」が2店舗、販売所併設の「ココステーション」が1店舗で合わせて15店舗を展開しています。

共同購入事業では、配送拠点である共同購入センターが7か所、共同購入商品の受け渡し場所である「ココステーション（地域ステーション）」が14か所あります。また店舗でも共同購入商品の受け渡しを行っています。ほかにコープ文化センターや共同購入商品のセットセンター、商品検査室などを運営しています。

3. 事業連携のきっかけと目指すもの

２０１９年1月、2年間の準備期間を経てＪＡ香川県とコープかがわは、「豊かで暮らしやすい地域社会づくり」に向けての包括連携協定を締結しました。その目的は、以下のとおりです。

①地域コミュニティの維持発展と健康で豊かな暮らしのより所となる店舗施設・小さな拠点づくり
②生産者と消費者を結びつけ、地域社会を支えるプラットフォームの提供
③食の安全・安心・安定供給
④地域資源を活用した産業振興や観光振興など地域社会経済の活性化

また、ＪＡ香川県は農産物直売所を27店舗、コープかがわは15店舗を展開するなか、ＪＡ香川県がコープかがわに積極的に農産物を提供し、コープかがわの店舗運営のノウハウをＪＡ香

川県の直売所で活かしていくことなど、双方の強みを活かし合うこととしました。ＪＡ香川県の遠城昌宏理事長（当時）、コープかがわの木村誠理事長の両理事長がもともと親交のあったことも包括連携協定締結への大きな推進力となりました。

4．店舗事業連携の取り組み

（1）併設型：「三木とれとれ市」×「ココステーションみき」

ＪＡ香川県とコープかがわの包括連携協定による店舗事業の連携は、２０１９年10月、ＪＡ香川県直売所「三木とれとれ市（三木町）」の隣に、コープかがわの小規模店舗「ココステーションみき」を開店したことからはじまりました。もともとコープかがわの「ココステーション」は、生協組合員の共同購入商品の受け渡し場所であって、商品販売を行う施設ではありませんでしたが、生協組合員が発注した共同購入商品を受け取るさいにＪＡ直売所を利用したり、ＪＡ直売所にはない冷凍食品などの商品をコープ店舗で扱うことでお互いの集客力を高めるものとなっています。

（2）併設型：

「讃さん広場飯山店」×「ここね飯山店（新店舗）」

２０２０年5月には、ＪＡ直売所では県内で最大級の「讃さん広場（丸亀市）」の隣にコープかがわの新店舗「ここね飯山店」がオープンしました。比較的午前中に集客力のあるＪＡ直売所と午後に客足が増えるコープ店舗が隣接し、生鮮3品（野菜・肉・魚）はＪＡ直売所が担い、そのほかの一般食品や日用品をコープ店舗が担うことによって、消費者がワンストップで買い物が完結する利便性や相乗効果を期待できます。また「ここね飯山店」には、コミュニティスペース（組合員集会場・キッチン・イートインコーナー）を備えているので、生協組合員と生産者、地域の住民などの交流の場となります。

（3）インストア型：

「コープ太田店」×「ＪＡ産直市コープ太田店」

２０２０年11月には、既存店である「コープ太田店」のな

ＪＡ香川県とコープかがわの店舗事業連携の概要

協業年月	形態	店名	概要
2019年10月	併設型	・三木とれとれ市 ・ココステーションみき	ＪＡ直売所の横にコープかがわの小規模店舗を開店
2020年５月	併設型	・讃さん広場飯山店 ・ここね飯山店（新店舗）	県最大のＪＡ直売所の横にコープかがわ新店舗を開店
2020年11月	インストア型	・コープ太田店 ・ＪＡ産直市コープ太田店	既存のコープ太田店のなかにＪＡ産直市を開店

かにＪＡ香川県による「ＪＡ産直市コープ太田店」をオープンしました。この店舗はコープ店舗のなかにＪＡ直売所をインストアの形で運営する「インストア産直」の実証店舗として県内初めての試みであり、注目されます。ＪＡ直売所は地元産の農産物を取り扱い、コープ店舗は県外産商品や輸入品なども取り扱うことですみ分けを行い、お互いに商品を補完し合って品揃えを拡大しています。

5．今後の展望と課題

（1）今後の展望

このようにＪＡ香川県とコープかがわが、２０１９年1月に締結した「包括連携協定」は、まずは店舗事業連携という形で具体的な連携がはじまりましたが、今後については、店舗事業連携にかぎらず以下のとおりとおりひろがっていくことが期待されます。

①店舗事業連携のいっそうの拡大

これまでに行ったそれぞれ運営方式の異なる店舗事業連携の相乗効果を検証し、今後の新たな店舗事業連携の取り組みを拡大する。

②イベントへの相互参加

２０２０年2月からコロナ禍のなかでの取り組みとなったため、予定していたイベント（県内最大級のコンベンションセンターで毎年開催される「コープかがわ生協まつり」や「香川県ＪＡグループ感謝祭」など）への双方からの出展構想を中止せざるを得なかった。今後はコロナ禍の状況を考慮しながら、各イベントへの相互出展を行う。

③商品開発

地産地消、安全安心にこだわった農産物の商品開発を行い、それぞれの店舗で販売する。

④若手職員の交流

組合員や職員同士の交流を積極的に行う。その先鞭としてまずは、協同組合の次世代を担う職員を育成するべく、県漁業協同組合連合会や県森林組合連合会にも声かけをして若手職員の交流の場をつくる。

（2）今後の課題

今後さらに「包括連携協定」を継続・発展させていくため、以下の課題について整理が必要と考えられます。

①葬祭事業・ギフト事業など双方で行っている事業についてどうしていくか。
②現場職員に協同組合間の連携について意識を高めるにはどうしたらよいか。

（佐藤憲司）

事例９〈災害支援型〉

長野県における農業ボランティアプロジェクトの取り組み

はじめに

長野県では２０１９年10月に発生した令和元年東日本台風（台風19号）災害の支援活動のなかで信州の農家の再生・復興を目指し、民間と行政が協働して、農地に流れ込んだ災害漂着物の片づけと、果樹の根回りの泥出しなどを多くの人の力で行いました。題して「信州の農家を救おう!! 信州農業再生復興ボランティアプロジェクト」（略称は「農ボラ」）。以下、当時の状況を振り返り、行政や社会福祉協議会やＮＰＯなどの災害支援団体とともに協同組合が災害支援活動に協働して取り組む意味や平時に必要なネットワーク作りについて考えてみたいと思います。

１．大勢の災害ボランティアと被害の大きさに困惑する被災地の悩み

２０１９年10月には、全国から７万人以上のボランティアが支援に駆けつけてくれました。ボランティアの助けもあって、住家や宅地から泥をかき出し、災害廃棄物を運び出し、清掃、

乾燥、消毒へと、発災後、約1か月で宅地の片づけがすすむいっぽうで、被災した地域内には大量の汚泥と漂着物が残ったままの農地がひろがっていました。いつ雪が降るかも知れない11月中旬。突然の災害に、自分自身の生活を取り戻すためになにから手をつけたらよいのか途方に暮れる被災者も多く、先の見通しが立たないなかで時間だけが過ぎていく状況でした。

2. 被災した農家の一番の悩みは農地復興

被災した農地を抱えた被災者は、自宅も被災しており生活もままならないなかで、とても農地の片づけまでは手が回りません。とはいえ、農地が泥に埋まったままの状態で時間が経過すれば、とくに果樹の根が呼吸できず、リンゴの木が枯れてしまう恐れがあります。早急に根元の泥だけでもかき出しておく必要がありました。リンゴの木が枯死してしまえば、営農への意欲も尽きてしまい、離農につながりかねません。木が枯れ、心が折れ、地域がますます荒廃してしまうような状況でした。堤防が決壊した長野市長沼は、リンゴの生産地域だったので、被災者支援＝りんごの木を守る支援でもあったのです。

被災した農地

行政が発注する災害復旧事業の多くは、被災地での事業で、農地の復旧作業はいつはじまるかわかりませんでした。また、土木業者が重機を入れるためには、先に行く手をさえぎるような漂着物を取り除いておく必要があります。いざ取りかかろうとしても、樹園地では枝が邪魔になって重機が木の根元まで入れません。入れたとしても重機の重みで木の根がつぶれては元も子もありません。人の手による作業がどうしても必要だったのです。

3. 農地復興の支援ができない災害ボランティア

しかし、農地・樹園地の片づけは、農業＝生業・なりわい＝営利活動につながるため、災害ボランティアの運営を担う社会福祉協議会は、生活再建活動が最優先で、営利活動への支援は難しいという見解でした。だからといって、泥と廃棄物に埋もれ、木々は枯れ、荒廃していくような農地を見て、見ないふりはできません。荒廃地や離農者が増えれば、地域は活気を失います。被災地は長野県内でも有数のリンゴの産地であり、「国道18号線を『アップルライン』と呼んで、地域で親しみをもって育ててきたリンゴを救いたい」「なんとか農家を救いたい」という思いを口にするボランティアや災害支援に来ているＮＰＯは大勢いました。

ただ、宅地の泥だしや住家の清掃といった支援活動がひと段落すれば、ボランティアの一部は「もう長野は片づいた」と思うでしょうし、寒さが厳しさを増し、雪が積もれば果樹園に入ることすら難しくなります。信州の農家を救い、地域を復興させるチャンスは、人の手があるうちにしかありません。

どうすれば、最短でボランティアに農地に入ってもらうことができるのか。そんな状況下で生まれたのが「農ボラ」です。

4. 前例がなかった農ボラプロジェクト

信州農業再生復興ボランティアプロジェクトは実行委員会を組織して活動がすすめられました。地元の2つのJAの代表理事組合長と長野県NPOセンターの代表理事の3人が共同代表になりました。構成団体は地元JAと災害支援の関係団体やNPO・社協・生協などです。協力団体として県や市と社協やNPOが入り、事務局を長野県災害時支援ネットワークが担いました。

「農ボラ」の案内

https://peraichi.com/landing_pages/view/fruitsvol
農ボラプロジェクトのホームページ

このように、民間と行政が協働して農業に特化したボランティアの取り組みは、全国でもまれだといわれます。プロジェクトの仕組みも、ボランティアの募集も、取り組みを内外に案内するホームページも、災害ボランティアとは別立てにしました。農ボラの案内は専用のホームページで行い、農ボラの趣旨と作業内容を事前に周知し、ご理解いただいたうえでの協力をお願いしました。

作業当日は農ボラ専用の受けつけを設け、チームを編成し、活動の流れを伝えた後に、作業を依頼した農家等が出迎え、活動場所である園地へ案内しました。こうした運営が機能したのは、地域のＪＡや被災地の生産関係者との協働があったからでした。農ボラプロジェクトの共同代表を務めた「ＪＡながの」と「ＪＡグリーンながの」にとっては、「ＪＡがボランティアを受け入れて活動したことはない」と、前例がないなかでのスタートだったと聞きました。不安も多かったと思います。だれが、なにをするのか。できることを出し合って役割を分担し、連携する必要がありました。気持ちを一つに取り組むこと。「信州の農家を救おう！」と、関係者が協力し合いました。

リンゴの木の根回りの泥をかき出す作業中

資料：農ボラホームページ。

ボランティアの受けつけ、チーム分け、作業の説明係、資機材の貸し出しや管理、作業依頼の農家とのマッチングなど多くの担当が必要です。事前にＪＡのスタッフが支援を依頼する農家の方々の考えと思いなどをていねいに聞き取り、作業後は農家の方々に「活動が無事に終了したか」を確認し、翌日の活動の調整をおこないました。今回の農ボラは、災害時のボランティア活動の運営に慣れている社会福祉協議会や災害支援のＮＰＯが基本的な流れを作成し、全国からの生協職員の運営支援、行政からの支援の職員、そして地元のＪＡの協力などがあって初めて完結するプロジェクトでした。じつは、災害が発生する前からそのつながりを育ててきた取り組みがあったのです。

5．他団体との協働と連携を可能にした背景

２０１７年、災害時に行政と社会福祉協議会、ＮＰＯ等の連携をスムーズにすすめるための役割を果たし、被災者支援・被災地支援の活動を支援することを目的とする「長野県災害時支援ネットワーク」（以下、災害支援ネット）を発足させ、平時の学習や交流も含めた活動を行っていました。そして、その発足時からの活動に協同組合からは長野県生活協同組合連合会が関わり、協同組合連絡会にも情報を発信していました。

平時の活動としては、２０１８年1月29日に第1回「災害時の連携を考える長野フォーラム」を開催し、10月に災害支援の図上訓練、翌２０１９年3月21日に第2回「災害時の連携を考える長野フォーラム」を開催。同年6月からは毎月、災害支援団体・個人の活動交流の場「つながるＢＯＯＫ」を開催してきました。これらの平時でのつながりと活動があったからこそ、令和元年東日本台風（台風19号）災害での連携した支援活動が生まれたのです。

10月の台風発災後当日13日に長野県ＮＰＯセンターと長野県社会福祉協議会が長野県災害対策本部（災害ボランティア担当）に入りました。翌14日には、「長野県災害時支援ネットワーク第1回情報共有会議」を開いて、①行政・社協・ＮＰＯなどの活動報告、②避難所や被災者の状況と課題の共有、③活動の連携と調整に努めました。

情報共有会議は、その後継続して開催され、10月から12月末まで19回開催され累計参加者数は１１１１人におよびました。この間には、県内外から多くのＮＰＯやＮＧＯ団体等（長野県外から約１４０団体、県内約１１０団体）が、被災地での活動にそれぞれ当たっていました。それらの団体が互いにもつ情報とノウハウ、現場での課題等を共有しあいながら、被災者支援に向けて連携するきっかけを作り、現場にあるさまざまなニーズとのマッチングに努めてきました。

この会議で出された課題の一つが、農地に残されたままになっていた大量の漂着物と汚泥。

それを目の当たりに肩を落としていた住民の思い。そして、地域を再生していくためには、「このままではいけない」と熱く語るボランティアの思いでした。

6．農ボラ活動の実績と農ボラの果たした役割

11月14日をトライアル（試行）として、12月中旬までの約30日間の第1期の活動では、のべ7024人の参加がありました。また、2020年2月16日には、1日限りでしたが、第2期の活動を実施しました。

県農政部のまとめによると、北信地域で泥が5センチ以上堆積する被害があった果樹農地（一部田畑を含む）は、長野市や中野市など6市町で計903ヘクタールにおよんだそうです。

アップルラインの沿線ぞいは、100年以上のリンゴ栽培の歴史をもつ県内有数の産地でした。樹園地に大量の泥水が流れ込み、収穫目前だったリンゴが犠牲になりました。浸水したリンゴと汚泥の臭気を吸い込んだ恐れのあるリンゴ等は衛生面から考え、出荷・販売することができません。収穫できない実を木から叩き落して土に埋める（そのまま放置すると病気の原因になりかねない）しかなかった農家の苦しみは、耐えがたいものだったと思います。

農ボラの取り組みは、災害漂着物の片づけと根回りの泥出しで、リンゴ畑の再生を助けるも

のでした。のべ7000人を超えるボランティアの活躍で、地域の風景は一変し園地がよみがえるようにきれいになりました。被災当初、「もう辞める」ともらしていた農家が、「もう少しやってみよう」と気持ちを変化させたこと。「きれいになった畑から『がんばろう』という復興への元気をもらった」と喜ぶ地域の方々。こうした言葉は、ボランティアにとっても励みになりました。

「前例がない」といわれても、できることを模索して農ボラを実現させた背景には、平時からの災害支援ネットでのつながりと情報共有会議での連携がありました。そして、地域の復興を願って手を貸してくれた大勢のボランティアの力がありました。発災から約半年後の5月中旬、長野市長沼のリンゴ畑には白い花が一面に咲き誇っていました。農家は総出で摘花し、摘果を重ねて、8月初旬には、早生リンゴ「夏あかり」が収穫されました。発災から約10か月。「もうどうしようもない」と思われた畑からの再生。念願の実りです。

事務局に届いた再生の実り

資料：農ボラＦａｃｅｂｏｏｋより
※農ボラの最新情報はＦａｃｅｂｏｏｋでご覧いただけます。
https://www.facebook.com/nouboranagano/

7．協同組合の組織としての平時の備えとはなにか？

かつて「忘れた頃にやってくる」といわれた災害は、世界中で多発しています。国内でも毎年発生し、傷が癒えぬ間にまたやってくる脅威になっています。だからこそ、他県の協同組合の組織においても平時から備えることがたいへんたいせつです。

令和元年東日本台風（台風19号）災害での農ボラの取り組みは、長野県での特別な取り組みではありません。平時からのつながりと連携の基盤があれば、全国どこでも可能な取り組みだと思います。近年の災害支援は社会福祉協議会が開設する「災害ボランティアセンター」もさまざまな団体や組織がその運営支援に協力していますし、同時に、その地域のＮＰＯなどが中心となり県内外からさまざまな支援団体の情報共有や活動調整を行い、被災者中心の災害支援活動が行われます。

これらの取り組みを中心的に行う各県域の災害支援のネットワーク組織とつながりをもつこと、社協や災害支援のＮＰＯとのつながりをもつこと、そして普段から災害時の取り組みについて、これらの組織間での相互理解をすすめておくことがたいせつとなります。協同組合のなかでは、各県にある生協の多くで社協やＮＰＯ等とのつながりがひろがっています。他の協同組合とも同様につながりをひろげるか、あるいは生協のつながりを活かしていくことを検討する必要があるでしょう。
一人ではできないことも連携すれば取り組める。なにがあってもあきらめない。やり直せる。大丈夫。被災地域や被災者に元気と力をひろげた農ボラの取り組みは、今後の各地で災害からの復興・再生への希望となるはずです。

8. コロナ禍で高まる県域の災害支援ネットワークの重要性

最後に2020年7月に、新型コロナウイルスの影響下で大規模な豪雨災害が発生しました。各地の被災地では災害支援の受け入れをどうするかが問題になり、感染リスクを考え県外からの人的支援を大幅に制限しました。そうなると、平時から県内の災害対応力を高めることが今まで以上に重要になります。協同組合もその一翼を担い、発災前から県内の行政・社会福祉協議会・NPOや、医療・福祉・士業・企業等の支援関係者と交流し研修や訓練などで災害対応力強化をはかることが必要です。「災害支援の県域ネットワーク」は今日の災害支援には不可欠なものになっていますが、まだ十分な体制ができているわけではありません。全国の協同組合も地元の「県域ネットワーク」を確認し、平時からこのネットワークとのつながりをつくることがたいせつになっています。

（中谷隆秀）

事例10〈人材育成型〉
兵庫県における虹の仲間づくりカレッジの取り組み

兵庫県協同組合連絡協議会（以下「兵庫ＪＣＣ」）では、毎年、各協同組合の中堅職員を対象とした、交流実践研究型の研修プログラム「虹の仲間づくりカレッジ」を開催しています。

1．賀川豊彦の協同の思想を共有する協同組合

兵庫ＪＣＣは１９８４年に設立され、県下のＪＡ５団体、生協２団体、漁協３団体、森林組合１団体から構成された、県内の協同組合の連携を促進・支援する組織です。

兵庫県は、日本の生協の父と呼ばれる社会運動家の「賀川豊彦」が神学校に通った地であり、神戸市内の貧民窟で、セツルメント運動[13]を通じて貧困問題に取り組んだところです。また、賀川は１９２１（大正10）年、神戸に神戸購買組合（後の神戸生協）を設立、後に賀川の教えで同時期に設立されていた灘購買組合（後の灘生協）と合併し、現在の生活協同組合コープこうべ（以下「コープこうべ」）となります。コープこうべは国内で現存する生協としては最古といわれ、２０２１年に、創立１００周年を迎えています。このようなことから、兵庫県の協同

組合はこの賀川豊彦の思想を共有しており、また、兵庫JCCを中心とした日常的な連携による強い結びつきをもっていることもあり、「森づくり・海づくり」といった取り組みから「直売所」や「移動店舗」の共同運営・運行や県下の協同組合が協力して行う健康づくり活動などさまざまな活動を協同組合が連携して行っています。

2．濃密な議論と実践を通じて、絆を深める研修

「虹の仲間づくりカレッジ」は兵庫JCCとコープこうべが共催して実施している、年3回、各回1泊2日で行われる連続した研修プログラムです。

この研修の目的は県内協同組合の職員交流を通じた「協同組合間協同の実現」で、県下の協同組合の中堅職員が集まり、1年間この研修で学びます。この研修の特徴は1年間をかけて行われる「実践研究型の研修」であること、そして、集合して行われる研修はすべて1泊2日で、参加する職員が寝食を共にする機会が設けられていることです。

虹の仲間づくりカレッジでは、各年のテーマに基づくレクチャーを受けたうえで、異なる協同組合が混在するグループごとに、テーマに基づく地域の課題を検討、調査・研究し、取り組む課題を決めて、解決策を立案、実際に実施して最終回にその結果を報告するというプロジェ

クト実践型の研修です。研修は1泊2日で行われますが、単に職員相互の交流というだけでなく、互いの協同組合の事業や活動についても紹介しあう機会が設けられるなど、相互理解の場となるよう工夫されています。

なお、「虹の仲間づくりカレッジ」が開かれる「協同学苑」（兵庫県三木市）は、コープこうべの組合員と役職員の研修施設ですが、この協同学苑にはJAの介護ヘルパーの養成施設やJA兵庫中央会教育部の事務所もあり、研修施設の共同利用も行われています。

最後に、この研修で行われた実践事例の一つを紹介します。雨の少ない兵庫県では、農業用水のため池が多数存在します。ため池は定期的に水抜きをして、堆積物を川に流し、整備しなければなりません（これを「かいぼり」といいます）。しかし、池の水を抜くと池の底にたまった泥が海に流れ込んでしまいます。タイミングを誤ると兵庫の漁業の主力産品である海苔の採苗に壊滅的なダメージを与えることもあり、そのため、漁師と農家が対立するということがありました。いっぽう、農家の減少や高齢化により、このため池の整備が十分にできなくなっているという問題もありました。ため池には治水の役割もあります。整備せず放置すると池の貯水能力が低下し水害を起こす可能性も出てきます。そこで、虹の仲間づくりカレッジの一つのグループがこのため池のかいぼりを漁協、生協、森林組合、JAの4団体の組合員や職員の有志で実施することを提案し、実際に実践しました。漁協関係者によれば、かいぼりは里・海協働活動として毎年行っているが、この研修に参加した職員が担当して以降、ＪＡをはじめとする関係者との調整がスムーズになったといいます。

なお、清浄化がすすんだ瀬戸内海は貧栄養化の状態になり、特産のいかなごや海苔の成長に影響が出ています。ため池の整備は栄養分を海に届けるという役割も担っており、農家と漁師が協同することで互いの生業の利益になっていることが報告されています。

このように「虹の仲間づくりカレッジ」は異なる協同組合の職員が一つのテーマについて、濃密な協議と協働で相互の理解と絆を深めることができる次世代育成の場となっています。

（齋藤優子）

生協発祥の地、英国のロッチデール公正開拓者組合の建物を模した資料館。虹の仲間づくりカレッジは、左に見える研修棟で開催される。

課題に対し真剣に討議する参加者

最終回の活動報告会の様子

【注】

(1) ＮＰＯ法人地域と協同の研究センター「認知症１０００万人時代に備えて～〝おたがいさま〟の地域づくりと協同組合研究会報告」２０２１年。

(2) （一社）市民セクター政策機構「庄内ＦＥＣ自給ネットワーク」リサーチチーム報告書（２０１９年5月発行）。

(3) コープデリ連合会ウェブサイト「グループ案内」。数字は２０２１年3月20日現在。

(4) いばらきコープウェブサイト掲載の２０２０年度損益計算書。

(5) ＪＡ常総ひかりウェブサイト「２０２１ＪＡ常総ひかりの現況」。数字は２０２０年度または２０２０年度末（２０２１年1月31日）。

(6) いばらきコープ「学校教育に役立つ学習ガイド２０２１」（２０２１年3月発行）。

(7) コロナ禍で定例会も休止となり、２０２１年6月に1年以上ぶりに定例会が開催された。

(8) 日本生協連は、２０１０年、「日本の生協の２０２０年ビジョン」を「私たちは、人と人とがつながり、笑顔があふれ、信頼が広がる新しい社会の実現をめざします」とし、そのための5つのアクションプランの一つとして「地域社会づくりへの参加」を掲げた。

(9) 下妻市ウェブサイト掲載の『広報しもつま』２０１６年6月号では、「コープが子ども食堂を実施するのは今回が全国で初めてという」としている。

(10) 渡部博文「いばらきコープが社会福祉協議会・ＪＡと連携し運営する「ほぺたん食堂」」（『生活協同組合研究』２０１８年8月号）が、県内4か所のほぺたん食堂を紹介している。

(11) ＪＡ静岡経済連とパルシステム静岡は、今回の事業連携について「協業」と呼んでいますが、本稿では第4章第2部で紹介する協同組合間連携の類型に合わせて「事業連携」としています。

(12) 協同労働は年齢に関係なくだれでも使える仕組みです。広島市の場合は立ち上げ時に60歳以上の方が半数以上参加していると市の助成金の対象になります。

(13) 宗教者や社会事業家、大学局員、大学生などが自らスラム地区（貧民窟）に住むことにより、貧困者の状況を体験的に理解するとともに、人格的ふれあいを通じて人々の自立意識の向上と地域改良に取り組もうとする運動のこと

第6章 プラットフォームづくりと協同組合間連携の未来

1．連携の新たな潮流と課題

第5章では、現在全国にひろがってきている協同組合間連携について、その具体的な事例を共有してきました。戦後の協同組合間連携の動きを眺めると、JAなどの生産者による協同組合と消費者組織である生協との間の産消提携型（4章で示される第1類型）、同種事業である生協同士の事業連合や単位JAの統廃合などの経済事業提携が主流でしたが、5章で確認されたのは、最近の流れとして、これまでの経済事業という枠を超えた、地域づくり（地域共生）や人づくり（人材育成）、学習会やイベント、災害支援といったひろい意味での組織間連携、社会課題を通した連携へと協同組合間連携が進化してきているということでした。

このような、最近生まれている連携の潮流をどう特徴づければよいのでしょうか。本書を企画したJCAの「日本の協同組合連携に関する研究会」（以下、連携研究会）では、3年にわたり議論が重ねられてきました。結果として、「くらしのプラットフォームづくり」と表現できる、現在の各地ですすめられている連携の大きな方向性・目的を確認するに至りました。「ゆるやか・あいのり・やってみる」を合言葉とした行動指針についても、この新しい潮流を端的に表現するものです。これまで中心的であった経済事業連携であれば、「連携の成果」は事業高の拡大や効率化（コスト削減）など、金額で明示的にはかることができましたし、連携する組織間での共通目標も比較的容易に設定できるものでした。しかし、社会課題の解決（地域共生や災害支援）、職員や組合員の学び合いと成長といったものについては、経済事業に比べてより長期的視座に立たなければなりません。また、同じように、経済価値を超えた本質的に異なる価値観をもった集団・組織の間での相互理解をも必要とします。経済事業では均一の尺度を用い得ることができたのに対し、地域共生を目的とするような連携では、組合員さらには地域住民全体を巻き込んでいく運動の側面が強くなるため、これまで以上に「多様性」を意識した連携が求められます。

「ゆるやか・あいのり・やってみる」は、現在進行系の協同組合間連携が、食やエネルギー、福祉、労働、居住などなど、総合的な「くらし」というテーマに迫るものだというだけではなく、各協同組合の実践が展開されることになる具体的な個々の地域が、かならずしも単調ではなく、内的に多様性に富んだ存在なのだということを前提に考えられた行動指針です。

新しい連携においては、市場や経済合理性といったものを超えたところに着地点があります。着地点どころかスタート地点においてすら、揃わぬ足並みを、失敗を重ねつつ揃えていくような作業といえるのかもしれません。連携をはじめる時点でしっかりした相互理解が存在しているというのではなく、連携を重ねるなかでお互いへの理解がゆっくりと深まっていく、そういった連携の合言葉として「ゆるやか・あいのり・やってみる」が生まれました。解決したい・解決すべき課題が存在し、そして課題を解決するには単一の組織だけでは限界があるという前提さえあれば「まず、やってみる」。これまでのように進捗がリジッドに計画された連携ではなく「あいのり」感覚で、組合員・職員の試行錯誤の共同作業に課題解決の成否を委ねてみる。「ゆるやか・あいのり・やってみる」という方針は、軽快そうにみえますが、むしろ粘り強さがたいせつです。さらに、いきあたりばったりの無鉄砲な実践にならないように、ほかの連携ではどのような課題があり、それをどう乗り越えたのかという実例を共有する「外からの学び」こそ、内側の実践にとって大きなエネルギーとなります。

2. サイズ感を意識した新しい連携のありかた

私たちは地理的範囲（サイズ感）という面でも協同組合間連携のありかたに注意しておかな

ければなりません。第4章の第1部や、第5章の事例で、都道府県域の協同組合間連携について具体的な議論が行われていますが、かなり以前から経済事業連携は県域より大きな単位へと拡大してきました。とりわけ今日では、基礎単位となる協同組合自体が県域を越えるまでに至っています。この後でみるコープみらいやユーコープなどは、事業連合からスタートして、現在は単位生協として複数の県をまたぐようなものになっています。JAの総合農協は最大でも1県1JAになっていますが、JA共済などは、都道府県本部こそ存在しているものの実質的な機能は全国本部に一元化されていますし（2000年に県連と全共連が一斉統合）、信用事業を担う農林中央金庫も全国から集めた資金を一本化して運用しています。ほかにも、労働金庫は全国で13金庫あり、北海道・新潟・長野・静岡・沖縄を除く8金庫はブロック単位で活動しています。こうした、カウンターパートとなる単位協同組合同士のサイズ感が同じでないことは連携をすすめるうえできわめて重要なポイントとなります。いっぽうで、市町村単位の組合もあれば、県域をまたぐ組合もあり、このために連携をすすめるうえでの意思決定やガバナンス、組織マネジメント上の課題が生まれてきます。あまりよいたとえではありませんが、右足と左足の靴のサイズがまったく違うままでカポカポと不便そうに歩いている状態を想像してもらってもよいかもしれません。

もちろん、こうしたチグハグ感をむしろ積極的に活用して運動を展開しようという試みもあります。例えば、第5章にある「かながわCo－ネット（神奈川県協同組合連絡協議会）」では、他県ではJAや生協の各県連合会同士で協議会を組織するのが一般的であるのに対し、単位協同組合はもちろん、社会福祉協議会やNPOなどまで含めて84組織が水平的にネットワーク化されています。これまでなら、そこまで煩雑な組織化は意思決定に支障が生じる、足並みを揃えにくいといった理由で忌避されてきたものですが、かながわCo－ネットでは逆に、この84組織からなる大きな枠組みのなかで、さまざまな連携が生まれています。すべてのテーマにすべての組織が均等に関わっていくというのであれば、おそらくこうした取り組みは失敗に終わるでしょう。かながわCo－ネットが活力ある連携を実現できている秘訣は、この大きなプラットフォームの下で情報共有をすすめることにより、ネットワーク内部でさまざまな「小さな連携」が各々で動きはじめるようになったことです。ここでも、情報共有という「ゆるやかな」ネットワークにおいて、プロジェクトを提案した団体に共鳴する別の団体が「あいのり」していくことの積み重ねがCo－ネット自体の存在意義となっています。

3. 多様なニーズが育む地域力

前節で指摘しましたように、新しい連携は事業高や生産効率などといった尺度ではかることができない特徴をもっていますし、多様化した住民ニーズ、社会課題にいかに応えていくのかという難しさも抱えています。協同組合間連携というと、私たちは組織間・団体間の連携というイメージをもちがちですが、新しい連携においては、ますます個々の組合員・住民の主体的な参画がたいせつになってきます。

第5章で2つ目の事例としてあげられている愛知県の「おたがいさまセンターちゃっと」の取り組みは、この〝組合員の主体的参画〟という論点を深めるものです。地域の具体的ニーズは、住民ニーズでもあります。「ちゃっと」では、一つひとつでは事業にならないようなニーズを生活支援コーディネーターが具体的な支援へと掘り下げることで支援者を募り、利用者は対価として利用チケットを支援者に渡します。チケットは、「時間貯金」として支援者が別のサービスの利用に使うことができ、少なからずの利用チケットが換金ではなく、地域内で循環するシステムになっています。ある場面での支援者が、別の場面では利用者となる。だれもが直面する「ちょっとした困りごと」を〝おたがいさま〟の精神でカバーしあっていく。こうした「ちゃっと」を通した人と人とのつながりやコミュニケーションの循環自体が、コミュニティの力へと結実していきます。

歴史的にみると、協同組合は、共通したニーズを充足するために組織されるのが通常の姿だと考えられてきました。例えば、「安全安心な食品」を求める消費者が組織化して、独自の食品の調達・流通ルートを確保するとか、あるいは組合員の声をうけて無添加のせっけん工場をつくるなど、具体例のほとんどにおいて、組合員が同じ方向を向いて協同しているイメージがあります。しかし、「ちゃっと」に参加する、南医療生協、コープあいち、JAあいち尾東の組合員たちは、「ちょっとした困りごと」というニーズをめぐって、組合員や地域住民自身が利用者と支援者という非対称の関係で充足をはかっていくという点がおもしろいところです。

組合員ニーズの多様化は、生協にせよJAにせよ現代の協同組合運動が向き合わなければならない大きな課題であると意識されていますが、「ちゃっと」のように、組合員が世代、性別といった属性やライフスタイルにおいて多様であるからこそ、利用者と支援者との間での助け合いが循環していきます。地域内でマッチングが生じることで、「○○なら△△さんに任せればいい」や、「□□さんは、◇◇についてよく知っているから相談してみればいいんじゃない？」などと、コミュニティに住まう人びとの顔が可視化されてきます。小さなことであっても「人の役に立てる」という経験は自己肯定感を高めますし、これまで地域から離れて働いてきた人びとの定年後の〝地域デビュー〟のきっかけにもなります。

じつは、時間貯金のような仕組みはそれほど新しいものではありません。その起源は、1973年に大阪でひろまった「ボランティア労力銀行」(現在のNPO法人ボランティア労力ネットワーク)にさかのぼることができます。ボランティア労力銀行は、もともと、子育てや介護などで多忙な主婦たちがお互いに支え合う組織として発展してきました。つまり、同じニーズや困りごとを抱える人びとの相互扶助としてスタートしたものです。その後に生じた女性の社会進出の本格化は、労力銀行の主力でもあった専業主婦という同一属性を前提とした支え合いの仕組みにとって向かい風になりました。ご存知のように、生協における共同購入や班活動が難しくなったのも同じ理由とされています。生協宅配事業において主流化してきている「個配」の時代には、共同購入がラストワンマイル問題を解消させたような、ほかでは真似できない組合員消費者の組織化が前提となった競争力・優位性をもたらすことはないかもしれません。しかし、これまでみてきたように、「一億総活躍社会」と呼ばれる現代では、多世代間の協同・助け合いの仕組みをいかに生みだしていくのかということがたいせつになります。「ちゃっと」では3つの異なった協同組合が連携することにより、組合員ニーズもさらに多様になっていきます。一方で、個々の組合員がもっている能力やそれが発揮される機会も同じように増えてくるわけです。だれもが、なにかの形で地域や地域住民に対して力を発揮できる機会が生まれてきます。「困りごと」を地域に循環させることは、地域そのものの力（ソーシャル・キャピタルといい換えてもよいでしょう）を強めていく。住民ニーズが多様だからこそ実現できる協同や連携は、今後の協同組合運動の進む方向性を考えるうえでたいせつな論点の一つとなるでしょう。

ところで、新しい連携を語るうえで欠かせないのが、これまでの連携とどうちがうのかということです。歴史的な対比を通して、新しい連携の特徴が実感されることもあるでしょう。概括的にではありますが、これまでの連携の目的とその成果について確認してみたいと思います。(1)

4. これまでの連携―連携が生み出した大規模化・広域化

生協の大規模化は、2007年の県域規制緩和を含む生協法改正を起点として進められました。ちばコープ、さいたまコープ、コープとうきょうの組合合同により「コープみらい」が、コープかながわ、コープしずおか、市民生協やまなしが統合して「生活協同組合ユーコープ」が生まれたのは、いずれも2013年です。前者は、1990年の東関東コープネットワークを経て1992年に設立されたコープネット事業連合での連携、後者は1990年のユーコープ事業連合という形で、事業連合で培われた四半世紀近くの関係を土壌としながら生まれたものです。

県域を越える大規模化については、あくまで生協法改正がないとすすめようはありませんので時期は限定されます。一方もともとあった各単位生協の設立経緯や理念の相違などを抱えながらも、小規模生協の生き残りをかけて1977年に結成された首都圏生活協同組合事業連絡会議にはじまるパルシステム連合会や、福岡県内5生協の事業統合を経て1983年に成立したエフコープ生活協同組合、1988年に九州および山口の25生協による生協連合グリーンコープの結成なども広域化の動きに棹さすものです。これらの同種事業の連携（事業連合）は戦後市民生協の成熟後の生協運動史そのものといってもよいかもしれません。

単位協同組合の広域化は、スケールメリットを活かして供給事業の競争力強化をもたらします。しかし、同時に、これまでの各単位生協の特徴でもある地域性や個々の組合員の主体性を犠牲にしてしまうのではないかという不安の声も生むことになりました。これは、生協だけの話ではなく、JA組織もまた同じ状況を抱えています。3000以上あった単位総合農協は、合併を続けることで、この四半世紀で562単協（2021年4月1日現在）にまで減少することになりました。この時期は、1995年に合併特例法（市町村の合併の特例に関する法律）の成立を経て政府主導の市町村合併もすすめられていました。結果として、この平成の大合併がスタートした1999年には3232（市670、町1994、村568）あった基礎自治体は、同特例法の期限である2010年3月には1727（市786、町757、村184）にまで減少しています。(2)

平成の大合併は、総自治体数をほぼ半減させる（47％減）ことになりましたが、数字のうえでは、ＪＡの基礎単位となる総合農協の合併はそれをはるかに上回るものであったことがわかります。第３章では、産直による連携の徹底を経て、１９８０年代後半には「協同における地域づくり」が目標とされるに至る歴史が語られていました。しかし、１９９０年代以降は、他業者との価格競争の激化（バブル崩壊後に生まれたこの現象は「価格破壊」という言葉に象徴されています）を背景として協同組合間連携が見えづらくなってきます。さらに、２０００年代にはＢＳＥ対策に関わる産地偽装に端を発した食品偽装の社会問題化により、産直基準の見直しや流通体制の厳格化が実施された生協での産直事業高は、一時的に半減する事態まで生まれました。結果として、１９９０年代・２０００年代は、80年代に謳われたような「協同組合地域社会の建設」や地域づくりを全国的に大きく進展させることはできませんでした。むしろ、競争の激化や社会背景の変化の下で推進されたのは、各々の単協の経営体質強化のための連携であり、生協では、事業連合の結成に続いて生協法改正を通した県域を越えた合併が、ＪＡでは20年間一貫した単位総合農協の広域化がすすめられます。

80年代の連携運動が十全に開花しなかったこと自体については、協同組合がコミュニティの運動であるだけではなく、経済事業体として市場での生き残りを求められる存在であるという性格をまぬがれない以上、かならずしも否定されるべきものではありません。協同組合が持続可能であるためには、運動と事業が両輪となってバランスよくすすまなければなりません。20

年近くの体質強化は、むしろ、新たな連携に向けた離陸期、あるいは準備期間として捉えることができるでしょう。

第3章でその経緯や取り組み内容を詳述していますが、2012年の国際協同組合年を画期として、新しい連携の潮流が生まれてきます。国際協同組合年の関連行事は、これまで以上にひろい範囲の協同組合を巻き込んだものでした。80年代に至る連携で中心的なモデルでもあった、第一次産業の協同組合と購買生協という「産消提携型」の連携とは直接関わる機会のなかった全国の信用金庫や信用組合、労働金庫をはじめとして、共済事業分野の組合や医療福祉生協、協同労働の協同組合、さらには中小企業等協同組合法下の中小企業団体にまでひろがりをもち、全国各地で、各団体が連携した学習会や講演会などの記念行事が実施されます。国際協同組合年をきっかけとして多様な協同組合の間に架けられた橋は、都道府県域での連携組織の強化や発足を促すとともに、2018年、日本協同組合連携機構（JCA）という連携支援を目的とする恒常的な組織の設立へと結実します。このような背景もあり、90年代・2000年代にはそれぞれの体質強化に注力していた各協同組合が、2010年代にはあらためてICA原則にも示された「地域社会（コミュニティ）への関与」（第7原則）へと向かう連携に目を向けることになります。

以上で述べてきたのは、あくまで「協同組合の現在」を一つの角度から描いたものですが、「協同組合の未来」を語る前に、その前提として「広域化・大規模化」という流れをおさえておきたいと考えました。協同組合は、経済事業体である以上、相応の体力がないと生き残れません。グローバル経済の浸透や、世界的な流通業の再編のなかで、協同組合が生き延びるためには、市場競争に勝ち残らなければならないというのは至上命題のひとつでしょう。しかし、単に競争に生き残るだけを目的としないことが、協同組合の存在意義でもあります。もっとも、本稿の目的は協同組合全体についての展望を語ることではないので、あくまで協同組合間連携という視座から、目の前で起きている事態を一度整理してみたいと思います。

新しい連携の動きが、これまでの連携とどう違っているのか。これまでの四半世紀における同種事業の連携が、合併や広域化を帰結するような体力強化の時代であったとすれば、これからの四半世紀はどのような連携が主軸となるのか。本章では、すでに言及した「くらしのプラットフォーム」という視点から新しい連携の世界について考えてみたいと思います。

5. 新しい動きの萌芽―連携事業「いのちをつなごう」

以下では、「くらしのプラットフォームづくり」という新たな連携のカタチについて具体的に検討していきたいと思います。協同組合間の連携は、大きくこれまでのような「産消組織間の経済事業の連携」から、「多様な協同組合が関わるプラットフォームの構築を通した課題解決」へと軸足を変化させてきています。迂遠ではありますが、この象徴的事例の一つとして、私が住んでいる千葉県におけるフードバンク活動を取りまく連携をはじめにとりあげてみます。

フードバンクという取り組みを耳にされた方、実際に関わられている方もいらっしゃると思いますが、フードバンクは、「フードロス（食品ロス）の削減」と「生活困窮者等への食糧支援」という2つの異なる課題を橋渡しすることでその両方を解決しようという、日本では2010年頃から全国的にひろがりをみせている活動です。いっぽうで市場での流通が困難となった食品や家庭の隅に眠っている食品を集め、それを野宿者や福祉施設等に提供することで食品廃棄量を削減するとともに、食べ物に困っている人びとの支援に貢献する事業です。

他県では、生協自身がフードバンク事業の立ち上げを行っている事例も散見されますが、千葉県ではフードバンクちばという任意団体（推進役となっているのは、地域労協である「ワーカーズコープちば」であり、代表は同理事長の菊地謙氏が兼務しています）が、この事業を運営しています。フードバンクちばの活動は2012年にスタートしましたが、2018年から千葉県内の生協が連携して家庭の食品回収を行う「いのちをつなごう」と呼ばれるフードドライブ（食品回収）活動を行っています。県内には、コープみらい、パルシステム千葉、生活クラブ生活協同組合、なのはな生協という大きく4つの地域生協が存在します。購買事業においては互いにライバル関係でもありますが、この4つの生協が協力しあってフードドライブの運動を支援することになりました。

千葉県生活協同組合連合会が中心になって4生協を取りまとめ、さらに県庁生協や高齢者生協、労働者共済生活協同組合（こくみん共済COOP〈全労済〉）なども「いのちをつなごう」プロジェクトのメンバーとして、フードドライブの実施やフードバンクへの協力の呼びかけに関わっています。「いのちをつなごう」というプラットフォームを県生協連が構築することで、多様な協同組合がひとつの取り組みに向けて協力しているのです。協同組合間をつなぎ、連携を創り上げるうえで、食というテーマは、きわめて有用です。この「いのちをつなごう」プロジェクトは生協間での連携でしたが、2021年3月には、千葉県協同組合提携推進協議会の呼びかけで、コロナ禍で大学にも行けずアルバイト先も失った一人暮らしの大学生に対する食糧支援が千葉大学西千葉キャンパスにおいて実施されています。ここには生協だけではなく、JAをはじめとした県内に存在する多様な協同組合が関わることになりました[3]。

この事例で確認できるのは、特定の社会課題を解決するためのプロジェクトがプラットフォームの役割を果たし、個々の協同組合が「あいのり」していく姿です。フードバンクなら、地域における食糧支援といった課題が先行して存在し、そこに個々の協同組合が、各々のやり方で合流していくなかで連携が生まれていく。そして、この例では県の連携組織（生協連、提携推進協議会）がそうであったように、だれかが「この指とまれ」の呼びかけを行うこともたいせつです。第5章の事例なら、「協同組合ネットいばらき」の取り組みを参照してみてください。ネットという大きな連携プラットフォームがあることで、ほぺたん食堂のように、各々の団体が自分たちにできるものを提供し、連携事業が発展していきます。ＪＡは地元の野菜を提供し、生協の組合員たちは食堂開店当日の食事を準備する。そして、地元の高校のボランティア部が子どもたちに勉強を教える。長野県における「信州農業再生復興ボランティアプロジェクト」も、災害ボランティアでのチームワークの経験を活用しながら、全国からの生協職員による運営支援、行政からの職員派遣、地元のＪＡの協力などの下で、本来なら生活再建支援で終わってしまう災害支援のネットワークが引き続き地域の農業復興という目的に向けて動きだすことになりました。

千葉県のフードバンク活動はこのように、全国にひろがりつつある新たな連携のカタチを表現する一つの事例でもあります。そこでは、多様な組織の連携もそうですが、組合員や住民、学生など「自分にできることをしようと」集まってくるいきいきとした個人の姿を目にすることができます。

6. プラットフォームを謳うコミュニティの構想について

国際協同組合年をきっかけとする2010年代の動きは、4節で確認してきた大規模・広域化という体質強化型の合併に向けた連携とはまったく違った質のものへと変化しています。戦後草創期、消費者同士での組織化や、生産者同士の共同販売といった協同組合を設立・拡大していこうという段階では、消費者は「消費者利益」、生産者は「生産者利益」の拡大を求めて結集していました。そもそも、消費組合運動は、中間流通業者が暴利をむさぼることへの対抗手段として共同購入による廉価での消費財の入手を目的とするものでしたが、一定程度消費者の目が行き届くことになれば、価格だけでは片づけられない新しい課題が意識されるようになります。「おいしい米」や「栄養価の高い牛乳」といったように、とりわけ食の分野では、単に食べられればよいというわけではありません。消費者ニーズは「よいものをより安く」でもあります。生産者においても農産物市場での不安定な価格変動に対して生産者側での価格交渉力を高めるために共同販売が組織化されますが、消費生活の向上は、品質を通した価格面での差別化を生み、生産者もまた高付加価値生産へと向かいます。「産消提携型」の協同組合間連携は、先んじて「品質」へのこだわりを求めた、一部の消費者と生産者の間で市場外の直接取引という方法で展開しますし、全量買取の約束や買取価格の固定など、長期契約によるメリットは生産者にとって魅力的なものでした。

第5章の事例にある山形県遊佐町の生活クラブ生協との連携は、1970年代初頭にはじまるものですが、半世紀にわたる組合員と産地農家との交流は、産消提携のカタチを何段階にもわたり発展させることによって、今でもなお先進事例であり続けています。その基盤となっているのは、〝生協組合員と生産者の顔のみえる交流の場〟だといってよいでしょう。全国的によくあるような観光農園とは違って、生活クラブの組合員と生産者との関係は、ケンカも辞さない深いものです。ああしてほしい、こうしてほしいと品質に妥協しない組合員の要求は、生産者にとっては小うるさいものでもありますが、お互いの目指す未来を語り合い共有するなかで、たいへんだけどいいかもしれない、やってみようと鼓舞されます。そして、ただ小うるさいだけではなく、人手が必要な繁忙期には頻繁に首都圏から援農に出かけ、また遊佐の課題は自分たちの課題であるという思いから、この地域の環境保護のために、署名活動やカンパなどにも汗をかく組合員は頼もしい存在でもあります。

そうこうするうちに、遊佐で収穫されたササニシキの取引からはじまった両者の連携は、共同開発米の取組、水資源保護のための環境活動、凶作による米不足がタイ米輸入まで発展して「平成の米騒動」といわれた1993年に生産者たちが組合員に米を届けようとした「どんぶり一ぱい運動」、2004年の台風災害に対する組合員によるカンパへとひろがっていきました。

こうした深い交流を通じて、生活クラブと遊佐町、ＪＡ庄内みどりの三者での共同宣言が締結され（２０１３年）、食・エネルギー・福祉の三者を地域で循環させる「ＦＥＣ自給ネットワークづくり」というビジョンの下で、２０１９年には太陽光発電所の運転を開始するに至ります。また、「夢都里路くらぶ」のような就農研修の事業は、援農だけではなく、首都圏からの移住や新規就農をも促進させるものとなっており、半世紀にわたるこの産消提携の歴史は、６つに類型化された協同組合間協同（連携）において最も古くからみられるモデルでありながらも、その発展のなかにはほかの類型に当てはまるものも含んだハイブリッドなものとなっています。

このようにみてきますと、連携を発展させるためには、コミュニティ全体を総合的に考えられるキーワードとしての「ＦＥＣ自給圏」など、複数の個別課題を包摂するような大きな構想をもつことが肝なのかもしれません。ＪＣＡの連携研究会では、それを「くらしのプラットフォームづくり」というコンセプトを通して考えることになりました。じつは、プラットフォームをキーワードとする、長期的視座に立ったビジョンは、すでにいくつかの協同組合でそれぞれに考えだされています。以下では、具体的に３つの構想をみていくことで、本章のタイトルでもある「プラットフォームづくりと協同組合間連携の未来」を考えるヒントにしたいと思います。(4)

7. 生協総研と「集いの館」構想

最初に、生協グループのシンクタンクでもある生協総研のプラットフォーム構想からはじめたいと思います。生協総研は、その名も「2050研究会」という常設研究会を2013-14年度、16-17年度の二期にわたって設置しています。超高齢・人口減少社会となる2050年に向けて、地域になくてはならない生協像を模索した第一期研究会の成果が、「集いの館」という具体的提言として示されました。

すべての小学校区、元気な高齢者、そして「集いの館」。この3つが提言「二〇五〇年 超高齢社会のコミュニティ構想」の柱である。

全国1万5千の小学校区すべてに、元気な高齢者が運営主体となる、九〇坪の「集いの館」を展開する。「集いの館」はその日の食べ物と日用医薬品を提供するコンビニ業態の三〇坪の「お店」、ワンストップであらゆる暮らしに関わる相談に応じる「よろず相談デスク」、ゼロ歳児から百寿者まで老若男女だれもが気軽に立ち寄り、触れ合い、支え、支えられ、のんびりと過ごすことのできる「フリースペース」六〇坪で構成される。

「集いの館」は血縁ではなく地域の結縁で生まれる「地縁」家族の「家」でありプラットフ

ォームである。元気な高齢者がチームを組んでお店を運営し、あらゆる暮らしの相談に応じ、日常生活上でサポートを必要とする高齢者、子育てファミリー、幼児、学童を支える。それが「集いの館」のビジネスモデルと組織モデルの核心だ。

（若林・樋口［2015］）

集いの館のイメージは以上のようなものです。協同組合である生協が地域コミュニティに対してどのような存在として貢献していくのか、きわめて具体的な構想となっています。〝血縁から地縁へ〟というメッセージからもわかるように、日本は、今後2040年に向けて一人暮らしの単身世帯が全世帯の4割を占めるようになると推計されています。とりわけ、若年世帯の人口が減少するいっぽうで、高齢単身世帯が人口に占めるボリュームが増加していくことも大きな特徴となります。こうしたなかでは、これまでの家族の機能は大きく変化していかざるをえません。血縁家族は、家庭内の紐帯《ちゅうたい》だけではなく、構成員それぞれの人間関係のつなぎ目の一つであり、例えば子どもが通う小学校の保護者会などを通して各家庭に地域とのつながりをつけていくこともあります。血縁者を介したつながりの形成が困難である単身世帯では、本人が直接地域に向かって役割を見いだしていくほかに道はありません。集いの館はこうした状況に対応し、多世代共生拠点としてとりわけ単身高齢者の活躍の場を創出することに新しい地域社会と生協運動の可能性をみようとしています。

２０５０年という長期的な視座で考えた場合、現存する社会課題の多くが技術的なブレークスルーを通して別の形で解決をみるかもしれません。と同時に、テクノロジーが原因となって新しい社会課題が現れるということもあるでしょう。例えば、この四半世紀のＩＴ技術の発展によって、私たちはそれまでは考えもしなかったような新しい便利さや楽しみを享受できるようになりました。それと同時にネット社会の闇のように、技術革新の結果生まれた新しい社会課題もたくさんあります。これから数十年の未来というテーマについては、ＡＩ（人工知能）技術の発展と普及によって既存の仕事の多くが消えてしまうのではないかという議論が生まれています。例えば、英国オックスフォード大学のマイケル・Ａ・オズボーンたちが２０１３年に刊行した「雇用の未来」という論文では、この20年間で米国の労働人口の半数近くが高いリスクにさらされるとして、具体的にＡＩへの代替が予想される仕事を列挙しています。

集いの館構想では、こうした社会構造の技術的変化への目配りがあまり意識されてはいないようです。しかし、最も大きな課題は、現役世代の就労環境の問題がこの構想において十分に反映されているとはいえないことです。「２０５０研究会」の第１・２期のメンバーが会した座談会においても若干触れられているように、執筆者はこの弱点について自覚しているようです。日本の生涯未婚率は２０３５年には男性は30％、女性は20％付近にまで達すると推計されており、人口の5割が独身（同時点での全世帯推計）という時代が近づきつつあります。彼らにとって地域とは、コミュニティとはどういう存在たり得るのかという問いについて十分にリーチがおよんでいないように思われます。

コロナ禍でリモートワークが進み、職住一致を現実的な選択肢とする層も増えつつあります。これが一過性の現象でないとすれば、働き方そのもの、さらには家庭と職場以外の活動を可能とさせる自由時間をいかにつくり出していくのでしょうか。２０５０年という長い射程であるいっぽうで、現状の社会制度・社会意識に根ざした処方箋という特徴が強いことからみても、集いの館は、未来の構想でありつつ、〝現在進行形〟でひろげられる運動と言ったほうがよいでしょう。組合員の属性が多様化してきているなかで、多世代共生型の運動の拠点として構想された集いの館は、「世代をつなぐ」という視点を通して連携論にも多くの示唆を与えてくれています。

8. ワーカーズコープと「みんなのおうち」

次に、購買生協をベースとした集いの館構想とは対極的ともいえる、仕事おこしを基点とした運動、ワーカーズコープ運動におけるプラットフォーム構想をとりあげたいと思います。特に、現役就労者（とくに独身世帯）にとってのコミュニティの価値を再定義する視点がこの構想ではいかに反映されているのかという視点から確認してみたいと思います。

2020年12月の労働者協同組合法成立も追い風となって近年の事業・活動のひろがりが注目されているワーカーズコープもまた、同じく「みんなのおうち」というプラットフォーム構想を立ち上げています。同団体では、地域のあらゆるモノ・コトの交差点となり、地域の人たち自らが「協同労働」を通じて地域づくりを運営するための協同総合福祉拠点を指して「みんなのおうち」と呼び、全国の福祉事業所ごとにこの取り組みをひろげていこうとしています。

みんなのおうちは、困りごとや、やってみたいことなど、地域住民の情報交換、つながりづくりを担う相談機能を第1層にして、地域連帯による居場所や活躍の場をつくる第2層、そして目標を共有しあった人びとが地域で仕事をおこしていく、上述の労働者協同組合法に基づく新たな協同組合づくりを第3層とする多層的な構造をもっています。

この三層構造は、これまでワーカーズコープが掲げてきた「三つの協同」の順番を〝裏返した〟ものになっています。三つの協同は、①組合員同士間での協同労働、②組合員と、組合員が提供するサービス利用者との間での協同、③事業としての範囲・対象を越えた地域課題における住民協同のことを指します。

ワーカーズコープでは、出資・経営・労働の三位一体の下で組合員同士の協同が成立します。

そこでは、就労の現場での協力関係はもちろん、就労環境の改善についても意見を出し合ってすすめられていきます。新しい事業の立ち上げや老朽化した設備の更新などは、納得したうえで組合員の出資金を用いて行います。「組合員同士間の協同労働」については、ひろく海外の労働者協同組合にも普遍的に共通する特徴ですが、利用者との協同や、地域との協同は、日本のワーカーズコープが独自に提唱しているものです。

サービスの提供者と利用者の関係に協同を持ち込むという視点は、ケア労働を中心に教育・医療・福祉などの近年ワーカーズコープが進出している事業分野においてとくに意識しておいてよいものです。ケア労働は、どこまでが金銭的対価をともなうサービス提供なのか、どこからが対価を越えた人間的関係なのか〝線引き〟がむずかしい世界です。現場のケアワーカーたちは、利用者を眼の前にして求められれば「仕事だから」を踏み越えて応答しようとすることでバーンアウト（燃え尽き）を誘発し、日本でも大量の介護離職者が発生しています。少しでも利用者に喜んでもらいたい、役に立ちたいという思いが限界を超えた労働を帰結してしまいます。

こうした事態を防ぐために必要なのは、利用者本人、あるいは子どもの場合はその保護者を含めた利用者と提供者の間に生まれる相互理解と信頼関係です。ワーカーズコープでは、このことを指して、「利用者との協同」と呼んでいます。信頼できるパートナーである固有名をもったケアワーカーに長くお世話になりたいという気持ちがあれば、利用者も無理を押し通したりしなくなりますし、ケアワーカーの側もすべて完璧にやり遂げないといけないという重荷から解放されます。

一般に、高齢者のリハビリや、発達障がいのある子どもたちの放課後等デイサービスの現場では、利用者やその家族から非難されるのではないかと恐れることで、専門職であるケアワーカーたちはどんどん萎縮していきます。このことが生み出す万が一でも失敗しない範囲で画一的なサービスを提供することが「プロの証だ」というような風潮に抗して、利用者との信頼関係のうえに、一人ひとりの利用者の個性や希望に合ったサービスにカスタマイズすることでお互いに喜びを分かち合おうという姿勢がワーカーズ運動をほかとは違ったユニークなものにしてきました。

「地域との協同」は、直接的にはワーカーズの事業とはいえないものが多くあります。ただし、地域の困りごとを一緒に解決していこうという動きは、新しい仕事おこしにつながるものですし、具体的に共同農園やフードバンク、コミュニティカフェといった取り組みは、これまで経験しなかった事業分野の新たな掘りおこしとともに、その事業に参加する地域人材との出会いや交流も生まれます。

「地域の課題は、地域の人たち自らが解決していく」というみんなのおうちの方針は、「潜在的地域課題の発見→地域内での課題共有→解決に必要な才能をもった人材の発掘→労働者協同組合の組織化による仕事おこしと課題解決」という順番で展開していきます。外から来たワーカーズコープにあらゆるサービス供給を委ねてしまうのではなく、地域の住民自身が主体的に関わり、むしろ地域発のワーカーズコープを設立していくという「みんなのおうち」構想は、これまでの〝行政まかせ〟によって地域がいかに傷んできたのかという反省のうえに立っています。プラットフォームとしてのみんなのおうちは、居場所でありつつ、地域の人びとのやる気や主体性を引き出してくれる新しい挑戦の場として今後、各地での普及が期待されます。

みんなのおうちもまた、集いの館と同じく地域にとって〝パートタイム住民〟ともいえる遠隔地に通勤する現役就労世代に焦点を当てるようなものではありません。しかし、地域に新しい仕事をおこし、新しい労働者協同組合をつくっていこうという取り組みは、通勤しないでも働ける職場を増やすものであり、結果として職住一致のワークスタイルを選択する大きな誘因ともなってくるかもしれません。集いの館のプラットフォーム論が、どちらかといえば地域住民が集まってくる拠点という引力の場づくりであるのに対し、みんなのおうちにおけるプラットフォームは、単一拠点ではなく、地域にたくさんの居場所をつくっていくという散種（種まき）の力に期待をかけています。これは、第5章で取り上げられた広島市協同労働のプラットフォームの事例とも共通する点ですので、詳しくはそちらをご確認ください。

9．社会的連帯経済という処方箋―つながる経済フォーラムちば

さて、コミュニティ大（地域規模）の課題解決を目的としたプラットフォーム構想という点において上述の二つの事例には類似点も多くありました。次に、複数の協同組合、NPOや社会福祉法人、行政さらには地域の企業による連携（パートナーシップ）を通じて千葉に社会的連帯経済のネットワークをひろげていこうとしている県域規模の取り組み、千葉県で2019年にスタートした「つながる経済フォーラム」の取り組みを取り上げます。このフォーラムがプラットフォームとして掲げている目標は、非営利協同セクターはもちろん、行政セクターやコミュニティセクター、さらには民間営利セクターも横断するような、県域レベルでの連携の構築です(5)。

なぜ、こうした連携のカタチが提唱されるに至ったのでしょうか。この問いの答えをみつけるには、フォーラムの発案者でもある池田徹代表の所属する生活クラブ千葉グループの歴史をひもといてみる必要があります。

生活クラブは1965年に世田谷区で産声をあげましたが、千葉での展開には10年あまりの刻を必要としました。1976年に設立された生活クラブ生協（千葉）は、1980年代中盤には、せっけん運動や、ワーカーズ・コレクティブ運動など、首都圏のほかの生活クラブと歩

調を合わせながら運動を展開していきます。千葉グループの取り組みが注目を集めたのは、2000年に千葉県八街市に建設された全国初の個室ユニット型の特養ホーム「風の村」によってでした。当初「食」をテーマにスタートした生活クラブ虹の街は、1994年にたすけあいネットワーク事業を開始します。これまでの食とは違い、来たるべき超高齢社会を見据えた介護事業への進出でした。参加したワーカーズの仲間たちは、既存の高齢者施設に魅力を感じることができず、自分たちが住みたいと思える施設を建設しようと知恵を寄せ合い、保育園や自然食レストラン、福祉職養成学校や牧場など、多世代が愉快に交流できる〝風の村福祉ビレッジ〟の構想を立ち上げるに至ります。その具体的成果が、上述の「風の村」に結実し、住む人たちの立場に寄り添った施設が誕生します。

しかし、福祉ビレッジの構想が全体として実現したわけではありません。あくまで組合員たちが描いた夢ではありますが、彼らはその後も走りつづけます。風の村の事業は、現在高齢者支援、子育て支援、障がい児支援、医療（訪問看護ステーション）、福祉用具のレンタル・販売などへとひろがり、2020年時点で1800名あまりの職員と90におよぶ事業所、70億円の事業高となり、県内最大規模にまで成長しています。

個室ユニット型特養ホームの建設の次に注目を浴びたのは、さらに十年ほど経った2011年8月に完成した「いなげヴィレッジ虹と風」の建設です。千葉市稲毛区園生の老朽化した大規模団地再生にともなってUR都市機構の民間事業者向け福祉共用施設の公募に採択され、隣接する土地での福祉とくらしの複合施設を運営することになりました。高齢者向け住宅やデイサービスセンター、訪問看護や介護のほか、住民の意見を聴取するなかで、地域活動スペースや生活クラブの食材を販売するデポーなども入った〝くらしの複合施設〟が生まれました。診療所もあれば、レストランもあります。２０１０年前後は、園生団地のような各地の大規模団地住民の高齢化にともなう人口減少が原因となって生じた地域商店の廃業と買い物難民の発生（フードデザート）が全国的に大問題となりました。いなげヴィレッジは、団地の崩壊という課題に、周囲を巻き込んだ住民参画型のコミュニティの再生によって答えるものでした。

ほかにも、２０１２年にはユニバーサル就労ネットワークを発足させ、障がいを抱えた人や薬物依存、引きこもりや外国籍の人びとなど、さまざまな理由で働きたいのに働きにくさを抱えるすべての人が就労の場を得られるような支援の輪をひろげていきます。

「食の生協」から「住む人の側に立った高齢者施設」、そして「コミュニティの再生」へと大きく3段階の発展をみてきましたが、その次の段階に位置するのが、千葉に社会的連帯経済の芽を育てようという現在の「つながる経済フォーラム」構想です。コミュニティ・ニーズを充足させる、地域の課題を解決するという視点は継続しながらも、この構想の主役は、かならずしも協同組合だけではありません。企業や行政を含む4セクターすべてが関わる寄り合い所帯がこのフォーラムの特徴です。地域課題はこれからますます複雑になってきます。〝地域の問題は地域で解決〟とはいかないこともたくさんあるでしょう。そうしたときには、より大きなプラットフォームを介していろいろな知恵を集め、協力できるような枠組みこそがたいせつになってきます。協同組合以外のセクターの経験や専門性も貪欲に学び活かしていくことも必要でしょう。コミュニティ大（地域規模）のプラットフォームは、自分たち自身が解決の主体とならなければならないという主体的参画を促す効果があります。「つながる経済フォーラムちば」の実践を展開するうえで目標の一つとなっているのは、こうしたコミュニティ大であるからこそ実現した住民の主体的参画をさえぎらないで、むしろ地域内だけではなく、地域間の課題、さらには県域レベルでの課題といった範囲を異にした課題に対しても、コミュニティ内外のあらゆる人びとがその人なりの関わり方をもてるようなプラットフォームづくりなのです。

おわりに

社会的連帯経済の運動は、地域のローカルな運動体のネットワーク化の先に国際的な運動のネットワークをつないでいくという壮大なものです。つながる経済フォーラムちばの事例は、コミュニティ大の連携と県域での連携という二重のプラットフォームが相乗的に運動を発展させ、課題解決に結びつくことを目的として設計されています。水平的な横の連携という課題解決の手法において注意したいのは、それが内向きになりすぎてもよくないということです。特定の連携によって解決できないものがあれば、あきらめず、よりひろい連携のネットワークを構築していく。そうした何層にも重なった連携のネットワークこそ、社会的連帯経済が目指す連携のカタチだといってよいでしょう。

連携のプラットフォーム構築は本書でもたいせつな視点ですし、第5章では、香川県の店舗協業のような事例も含め、プラットフォームづくりに焦点を合わせた連携事例がいくつも含まれています。ただ、上述したようにプラットフォームづくりに運動が制限されるものであってはなりませんし、プラットフォームもまた柔軟に変形していくものだという認識で臨むことが必要です。仕組みをつくるのも仕組みを変えるのも、そこに参画していく人びとの思いです。このプラットフォームは、なによりも、そうした思いをつなげる場であってほしいものです。この一言をもって本章の締めくくりとします。

（伊丹謙太郎）

【注】

(1) 詳しい協同組合連携史については、第3章「戦後日本における協同組合間連携の歴史」をご覧ください。以下で言及するのは、事業経営上の体質強化を目的とする同種協同組合の連携と、その結果として現在の体制を生みだすことになった直近の合併の動きに限定しています。
(2) 2021年7月現在の基礎自治体数は、1718市町村（市792、町743、村183）となっています。
(3) この取り組みには前史として2014年に開設された千葉大学でのIYCフォーラム寄附講座「非営利市民事業と協同組合」への千葉県協同組合提携推進協議会を通した授業提供に関わる県内協同組合の連携があります。
(4) 執筆者の専門領域の関係もあり、どうしても生協、労協という事例に偏ってしまっていますが、この点はご容赦ください。
(5) 具体的な参加団体については参考文献にあげました2度のフォーラム開催報告書をご覧ください。地域企業の多くが中小企業家同友会の会員ですが、同友会の取り組みは内橋［2011］などでも注目されてきました。

【参考文献】

〔1〕池田徹 編『挑戦を続ける「生活クラブ風の村」』中央法規、2015年。
〔2〕日本協同組合連携機構『にじ　特集：協同組合間連携 事例から真相を探る』Vol.675日本協同組合連携機構、2021春号。
〔3〕岩根邦雄『生活クラブという生き方―社会運動を事業にする思想』太田出版、2012年。
〔4〕内橋克人『共生経済がはじまる―人間復興の社会を求めて』朝日文庫、2011年。
〔5〕オズボーン・マイケル・A「より重要なのは生まれる仕事だ」『週刊東洋経済』東洋経済新報社、2019年4月13日号。
〔6〕協同総合研究所『所報協同の発見―特集：協同労働運動の質的転換』Vol.309、協同総合研究所、2018年8月号。
〔7〕社会福祉法人生活クラブ風の村『風の村』東京印書院、2018年。
〔8〕生協総合研究所 編『2050年 新しい地域社会を創る―「集いの館」構想と生協の役割』東信堂、2018年。
〔9〕田中羊子「関係の豊かな社会をつくる：協同総合福祉拠点・「みんなのおうち」運動の創造へ」日本協同組合連携機構『にじ』Vol.667、日本協同組合連携機構、2019年春号。
〔10〕つながる経済フォーラムちば・伊丹研究室 編『第1回つながる経済フォーラムちば開催報告書』つながる経済フォーラムちば、2019年。
〔11〕つながる経済フォーラムちば・伊丹研究室 編『第2回つながる経済フォーラムちば開催報告書』つながる経済フォーラムちば、2020年。
〔12〕フードバンクちば『フードバンクちば通信』Vol.19、フードバンクちば、2018年1月。

〔15〕水島照子『プロの主婦・プロの母―ボランティア労力銀行の10年』、ミネルヴァ書房、1983年。
〔16〕――『豊かさの生活学：協合家族とボランティア労力銀行』、ミネルヴァ書房、1992年。
〔17〕若林靖永・樋口恵子 編『2050年 超高齢社会のコミュニティ構想』岩波書店、2015年。

第7章 協同組合間連携をひろげて、地域を変える

1. 「協同組合の未来」をひらく協同組合間連携

2021年3月に決定されたJCAの「JCA2030ビジョン」では、「協同をひろげて、日本を変える」との意思表明がなされました。そのこころは、協同組合という組織の枠組みをたいせつにしながらも、その枠組みに閉じこもるのではなく、ひろく人と人、組織と組織、あるいは人と組織がつながって、協働する場面を数多くつくりだし、脱国家、脱資本主義の社会的連帯経済をこの日本に定着させようと努力することにあると理解されます。

第1章で述べたように、その場合の努力とは、直接的には1995年ICAアイデンティティ声明を踏まえたものですが、同時に賀川豊彦（以下、すべての人名は敬称略）の「神の国」論、レイドローの「協同組合地域社会の建設」論、宇沢弘文の「社会的共通資本」論、柄谷行人のNAM（ニュー・アソシエーショニスト・ムーブメント）論などで論じられているように、総じていうと「アソシエーションセクター」あるいは「非営利・協同セクター」のよりいっそ

うの拡充をはかろうとする運動といえそうです。

そのような性格をもつＪＣＡのビジョン表明ですが、そのことを、ＪＣＡをはじめとして各種協同組合の全国段階の役員や担当者の間だけではなく、現場の実践家の方々にも納得し行動していただきたいと思っています。そのためには、もうひとひねりして、より身近なアクションプランとして提示する必要があるのではないかと感じています。

本章の題名を「協同組合間連携をひろげて、地域を変える」としているのは、そうした意図があってのことです。「協同」を「協同組合間連携」に代え、「日本」を「地域」に代える――これらの書きかえによって、手段と目的の関係をより身近なものにしていただきたいという思いを込めています。協同組合間連携の真髄は、単位協同組合（都道府県段階の連合組織を含みます。以下同じ）とその単位協同組合がよって立つ地方・地域の方々による「活動のつながり」を縦横無尽につくることにあると考えられるからです。

いうまでもありませんが、「協同組合間連携」はあくまでも手段です。その場合の目的は「（共益・公益の同時追求による）自由、平等、友愛のバランスのとれた社会をつくること」にあります。あえていえば、これは大目的であって、この大目的をかなえるための手段、すなわち中目的としては「協同組合の健全な発展、地域のよりよいくらし・仕事づくりへの貢献」というＪＣＡの使命（ミッション）が入ると考えています。

本書では、手段としての協同組合間連携の具体像として、産消提携型、事業連携型、地域連携型、学習会・イベント型、災害支援型、人材育成型――の6類型を提示していますが、まずはそれぞれの類型の中身（コンテンツ）を豊富にしていただくことが、現場の実践家のみなさんにお願いしたいことになります。

ただし、協同組合間連携には、それぞれの協同組合の殻に閉じこもっているだけでは思いつかないような、あるいは解決できないような諸課題に対して、自らの能力や発想を超えるようなアイデアやパフォーマンスが、参加者相互間のコミュニケーション（対話と交流）のなかから生みだされるのではないかという期待があります。これはすなわち、右記6類型にとどまらない新類型の誕生を意味していますが、そのこともまた、現場の実践家のみなさんにお願いしたいことのなかに含まれています。

中川雄一郎は、「協同組合は『未来の創造者』になれるか―新ビジョンは協同組合を『正気の島』にする―」という論考のなかで、レイドロー報告を引用しながら、新自由主義が主流であるような現代は「正気」ではなく「狂気」の時代である、このような時代状況のなかで協同組合こそ「正気の島」にしなければならないが、そのためには協同組合人が、未来の歴史を書くのだという強い意志をもってはじめて「協同組合の未来の創造者になることができるのだ」と論じています[(1)]。

ですから、現場の実践家のみなさんには、協同組合間連携の取り組みを通して「協同組合の未来の歴史を書くのだ」という強い意志をもっていただきたいと思います。

これに加えて、中川は、政府やほかの公的機関の事業体からなる第1セクター、私的・資本主義的企業の第2セクター、協同組合セクターを中心とする非営利・協同事業体によって構成される第3セクター、というよく知られた（ペストフの三角形で使われた）分類のもとで、「協同組合間の協同」への期待を次のように述べています。[(2)]

それでもなお私は、日本において第3セクターのコアを任じる協同組合が、なるほど今は第1セクターおよび第2セクターに対する拮抗力になり得るほどの潜在能力を持ち得ないとしても、少なくとももう1世代・30年後の未来にそのような潜在能力を「協同組合間の協同」という「確かな連帯の力」で創り出すのだとの決意を期待してもよいのではないか、との思いを捨ててはいません。しかし、そのためには、協同組合人と協同組合研究者は常にその時々の「協同組合の経済─社会的な機能と役割」を──グローバルな視点と国内的、地域的な視点との双方を以て──明らかにし、着実に実践していくことが求められるのです。言い換えれば、私たちは、レイドロー報告の「四つの優先分野」への取り組みを通じて、それを基礎づけているレイドロー氏の「四つの未解決の経済問題」を解決する方法を制度的に創り上げていくよう世界的視野を以て実践しなければならないのです。

ここで、4つの優先分野とは、第1優先分野：世界の飢えを満たす協同組合、第2優先分野：生産的労働のための協同組合、第3優先分野：持続可能な社会（保全者社会）のための協同組合、第4優先分野：協同組合地域社会の建設――を指しています。また、4つの未解決の経済問題とは、①地球の諸資源を分け合う方法、②だれがなにを所有すべきかその方法、③土地の果実（食料）と工業製品を分け合う方法、④各人が必要な部分を公正に取得できるようなシステムを整える方法――を指しています。[3]

2. ICA「ブループリント」にみる協同組合間連携の位置づけ

ICA協同組合原則は、1937年の第15回ICA大会（パリ）で初めて採択されました。次いで、66年の第23回ICA大会（ウィーン）で協同組合原則の改訂がなされ、さらにまた、95年のICA創立100周年記念大会（マンチェスター）で現行の協同組合原則が採択されました。

1回めの改訂まで29年、2回めの改訂まで29年と、偶然とは思いますが、どちらも同じ年数が経過していきます。この計算でいくと、次の改訂は2024年が想定されますが、そうなるかどうかは定《さだ》かではありません。私見ですが、現行の協同組合原則は完成度の高いものだと思っています。ただし、ICAにおいては不断に、そのときどきの世界情勢のなかで協同組合原則をどのように解釈すべきかを議論していることは確かです。(4)

国連の専門機関として、ICAととくに密接な関係にあるのがILO（国際労働機関）です。協同組合局を設けています。ILOは、ICA協同組合原則の改訂に合わせて、加盟国への「勧告」という形で、新しい協同組合原則を政策指針として活用するように各国に呼びかけています。1回めの勧告は、協同組合原則の最初の改訂年に当たる66年の「発展途上国における経済的及び社会的開発における協同組合の役割に関する勧告」（第127号）でした。(5)

2回めの勧告は、02年の「協同組合の振興に関する勧告」（第193号）でした。(6) この勧告は、95年にICAアイデンティティ声明が採択されたことを受けて、新しい協同組合原則を世界的に普及させていくという意義をもっていました。例えば、ドイツやフランス、EU、韓国などがそうなのですが、この勧告に基づいて協同組合法の整備をはかろうとする国や地域が次々に生まれてきました。(7)

こうした動きに国連も同調していきます。ILO勧告（第193号）に先立ち、国連は01年に「協同組合の発展に支援的な環境づくりを目指したガイドライン」を決議しています。(8) また、

09年には、12年を国際協同組合年（International Year of Co-operatives）とすることを決議しています。国際協同組合年では「協同組合がよりよい世界を築く」という標語のもと、協同組合の社会経済的役割に関する認知度の向上、協同組合の成長と新興地域における協同組合の創設への支援、協同組合の成長と持続可能性を高めるための協同組合制度・政策の確立、などの目標を掲げています。(9)

ＩＣＡは、国際協同組合年の最終イベントとして12年10月に開催されたマンチェスター総会において、20年に向けた世界の協同組合の戦略方向として「協同組合の10年に向けたブループリント」を採択し、翌年2月に公表しました。内容的にいうと、これは国際協同組合年を起点とする「ＩＣＡ２０２０ビジョン」に相当するものですが、そこでは次のような３つの「ありたい姿」と、そのための５つの「アクションプラン」が提示されています。(10)

〈ありたい姿〉

① 経済・社会・環境の持続可能性において定評のあるリーダーとなる

② 人びとに好まれるモデルとなる

③ 最も急速に成長する事業形態となる

〈アクションプラン〉

[1] 参加……組合員としての参加やガバナンスへの参加を、新たなレベルに引き上げる

図7－1　「ICAブループリント」　5つのアクションプランの相互関係

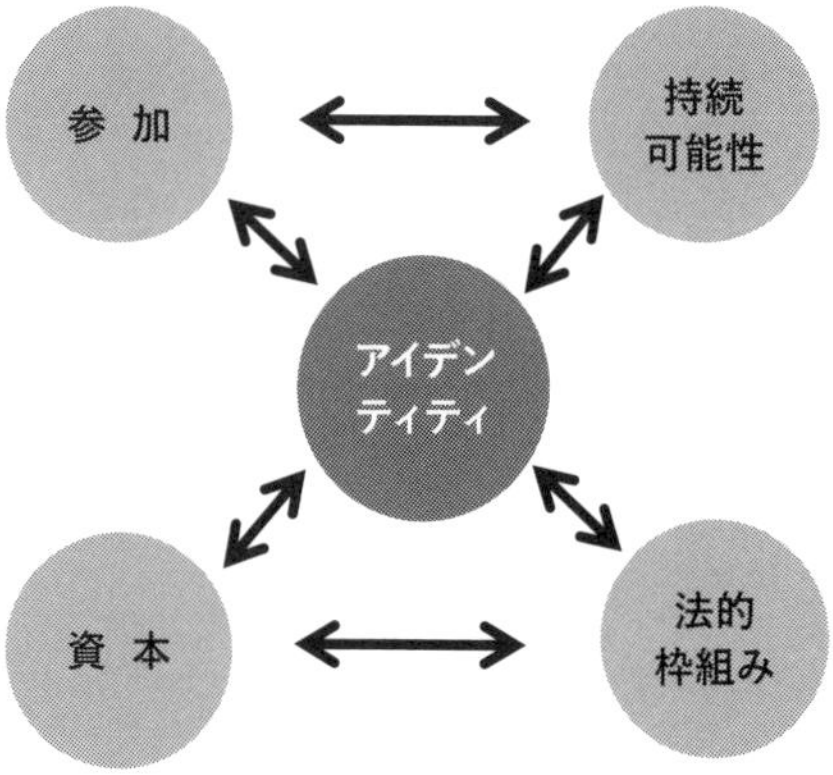

［2］持続可能性……協同組合を持続可能性の構築者と位置づける

［3］アイデンティティ……協同組合のメッセージを構築し、協同組合のアイデンティティを確立する

［4］法的枠組み……協同組合の成長を支援する法的枠組みを確保する

［5］資本……組合員による管理を保障しながら、信頼性のある協同組合の資本を確保する

図7－1に示すように、5つのアクションプランについては印象的な図が掲げられています。中央に「アイデンティティ」が配置され、その周りの四角に「参加」「持続可能性」「法的枠組み」「資本」が配置されています。また、これら5つのアクションプラン間の相互関係は矢印によって結ばれています。

この図を注意深くみると、次のような関係のあることがわかります。アイデンティティ・参加・持続可能性をループとする上半分の領域（ループA）、アイデンティティ・法的枠組み・資本をループとする下半分の領域（ループB）、という領域区分です。

ループAの領域は「協同組合をほかの組織形態と区別するもの」を表し、ループBの領域は「協同組合を促進あるいは阻害するもの」を表しています。いってみれば、ループAの領域は「下部構造」に相当し、ループBの領域は「上部構造」に相当していることになります。

そうしたなかで「協同組合間の協同」はどのように位置づけられているのでしょうか。もちろん、中央に位置する「アイデンティティ」という柱はICAアイデンティティ声明における協同組合の定義・価値・原則に対応していますから、そのなかに含まれる「協同組合間の協同」も全体構造の中心に位置するといってよいでしょう。とはいうものの、もう少し具体的な言及があってもよいはずです。

よく調べてみると、ループAの「参加」という柱において、参加を達成するための活動アイデアとして次のような一文のあることがわかりました(11)。

協同組合人のネットワークをさらに強固なものとするために、協同組合セクター内において、協同組合人同士が「つながりあう」新しい方法を見つけること

なるほど、いわれてみればそのとおりなのですが、「地域連携型」の協同組合間連携を重視するわれわれの立場からすると、なにか物足りない気もします。協同組合セクターの外側に積極果敢に出ていき、社会の困りごと、地域の困りごとに当事者として関与するような提案があってもよかったのではないかと思います。

この物足りなさは、「ICA2020ビジョン」を延長した「新たな（第2の）協同組合の10年に向けて　人々を中心に据えた道のり　2020-2030戦略計画」では改善されています。ここでは簡単に「ICA2030ビジョン」と呼びますが、その戦略計画の一つに「協同組合間の協同」が位置づけられるようになっています。(12)

〈戦略計画〉

(1) 協同組合のアイデンティティ推進
(2) 協同組合運動の成長
(3) 協同組合間の協同
(4) 世界の持続可能な開発への貢献

戦略計画(3)「協同組合間の協同」のコンセプトの項では、次のように述べられています。

協同組合間の協同は、資源を増やし、協同組合のアイデンティティを改善し、協同組合による事業を推進し、より効率的なアドボカシー（唱道）の取り組みを実践し、ＳＤＧｓへのユニークで特徴的な対応を考え出す最良の方法の一つとなりうる。私たちは協同組合間の協同を強化し、またとくに部門間協同に注目して協同組合グループやネットワークを拡大しなければならない。

ここで注目すべき点は、その前半部分において、われわれのいう産消提携型や事業連携型の取り組みによって「共通の利益を特定する」ことの戦略性を指摘するとともに、その後半部分においては、われわれのいう地域連携型の取り組みによって「ＳＤＧｓへのユニークで特徴的な対応」をとることの戦略性を指摘していることです。

さらにまた、このコンセプトのなかでは述べられていませんが、戦略的な取り組みとして「知識の構築および交流を行う」ことを提唱しており、ＩＣＡ自身が情報通信技術を活用しながらプラットフォーム構築を目指していくことを表明しています。

3．アイデンティティ・参加・持続可能性のループＡにおける協同組合間連携

ＩＣＡ「ブループリント」は、「ＩＣＡ２０２０ビジョン」と「ＩＣＡ２０３０ビジョン」

の両方を含めて、ＪＣＡの「ＪＣＡ２０３０ビジョン」と共鳴するところが数多くあります。「ブループリント」で示されたループＡ、ループＢのそれぞれは、わが国の協同組合間連携に大きな方向性を与えてくれています。場合によっては、いままでは手つかずであった新たな取り組みを唱道してくれているのかもしれません。

以下では、ループＡとループＢのそれぞれについて、ここでいう「大きな方向性」とはどのようなものかを検討していきたいと思います。

すでに述べましたが、ループＡとループＢの結節点に位置する「アイデンティティ」という柱は、端的にいって、ＩＣＡアイデンティティ声明における協同組合の定義・価値・原則を表すと考えています。ですから、協同組合人は、この徹底的な読み込み（学習）によって「協同組合とはなにものか」（アイデンティティ）を深く理解し、それにふさわしい行動をとるようにしていかなければなりません。

第二に、「参加」という柱については、多様な取り組みが考えられますが、ここではストレートに、協同組合間連携による組合員の参加を表していると考えたいと思います。それはすなわち、各種協同組合ではそれぞれに異なる参加の態様がありますが、その態様をもう一段レベルアップする方法として、異種協同組合間の組合員の協働を位置づけることを意味しています。この協働は、それぞれの協同組合では思いつかないような、あるいは実現できないような新たな協同の地平を切り開いてくれるのではないかと期待することができます。

第三に、「持続可能性」という柱については、少し説明が長引くことになるかもしれませんが、とても重要な柱です。

まず、持続可能性（サステナビリティ）は、環境的、社会的、経済的という3側面からなることを理解しなければなりません。私は長く農学系学部に在職していたこともあって、持続可能性を環境的側面からアプローチすることがふつうでした。環境保全、資源制約のもとで、いかに自然への負荷の少ない食料生産にしていくかが農学系学部の使命（ミッション）でした。その点では、日本の稲作は、世界の食料生産のベスト・プラクティスだといまも思っています。

そのような伝統的な理解の枠をひろげて、人類が将来にわたって生存しつづけるための社会的な持続可能性、人類が公正に生活の糧（所得）を獲得しつづけるための経済的な持続可能性を議論するようになったのは、ごく最近のことではないかと思います。おそらく21世紀に入ってからではないでしょうか。

環境的、社会的、経済的側面を併せもつ持続可能性をわかりやすく図示してくれているのが、スウェーデンの環境学者であるヨハン・ロックストロームが描いた「ＳＤＧｓウェディングケーキモデル」です。[13]

三段重ねのウェディングケーキのいちばん下の層に「環境」があり、真ん中の層に「社会」

があり、そして、いちばん上の層に「経済」がある、という有名なウェディングケーキモデルです。この図は、人類の生存に適した地球環境が与えられたところで社会（人びとの相互扶助）が形成され、次に、社会の営みが高度に発達し分業化がすすむことで経済（財・サービスの交換）が生まれる、ということを表しています。この順序は決して逆ではありません。

もう一つ重要なことは、このウェディングケーキの中心に「パートナーシップで目標を達成しよう」という〈目標17〉が上下方向に走っているということです。これは持続可能性という目標の達成の成否が、人や組織の「協力」や「提携」にあることを教えています。それも一国のなかの「協力」や「連携」だけではなく、世界のすべての人、組織の「協力」や「連携」があってはじめて達成できることを表しています。

こうした議論を踏まえると、ＩＣＡ「ブループリント」の持続可能性という柱は、ＳＤＧｓに協同組合がいかに積極的に取り組むか、あるいは協同組合間連携によってその成果をより豊かなものにするかにかかっているといってよいでしょう。

以上のように考えると、ＩＣＡ「ブループリント」で唱道されている協同組合間連携による「大きな方向性」の第一は、アイデンティティ・参加・持続可能性からなるループΛを、時計回りでもいいですし、反時計回りでもいいのですが、回り続けることにあるのだということになります。ここで、アイデンティティとはＩＣＡアイデンティティ声明の定義・価値・原則を表し、参加とは異種協同組合間の組合員の協働を表し、持続可能性とはSDGsへの当事者としての関与を表しています。

これまで、わが国における協同組合間連携の具体像として、産消提携型、事業連携型、地域連携型、学習会・イベント型、災害支援型、人材育成型という6類型を提示してきましたが、これらはすべてループAのなかに含まれるものです。同時に、この6類型には入らない新しい類型を、ループAを回り続けるなかから生みだしてほしいと願っています。

その一つの典型的な取り組みをあげれば、内橋克人が提唱している「FEC自給圏」構想の実現があります。資源循環型の食料生産とエネルギー生産、そして地域ケアを、異種協同組合間だけではなく、自治体、福祉団体、保健・医療機関、NPOなどとの広範な連携のなかから地域内発的に生みだすという取り組みがそれです。最近では、これにH（住まい）を組み合わせて、「FECH自給コミュニティの創造」が提唱されるようになっています。[14]こうした取り組みは「FEC自給圏型」の協同組合間連携として分類することができるでしょう。

4. アイデンティティ・法的枠組み・資本のループBにおける協同組合間連携

前節で述べてきたように、わが国におけるループAの協同組合間連携は、世界の協同組合運動のなかでもひときわ充実した内容をもっているといると自負してよいものです。これに対して、ループBの協同組合間連携については、そのような好意的な評価を下すのはちょっとむずかしい状況にあります。というよりも、いまスタートラインに立ったばかりだという認識をもつことが重要です。すべては国家（政府）という手ごわい交渉相手がいることなので、協同組合セクターにおいても、ＪＣＡを中心にいま以上の連携なり団結が必要となるでしょう。ループＢにおける「法的枠組み」という柱は、協同組合運動を促進する場合もあれば、阻害する場合もあって、注意が必要です。各種協同組合が個別法によって規定されているわが国の「法的枠組み」は、個々の協同組合にとっては都合のよいものかもしれません。しかし、協同組合全体としてみると、かならずしも都合のよいものとはなっていません。

そうしたなかで、労働者協同組合法の制定（２０２０年12月）は大きな朗報となりました。その施行日も正式に22年10月１日と決まりました。同法の特徴は、認可主義に立脚するそのほかの協同組合法とは異なり、準則主義に立脚するものであって、設立・運営の自由度が大きいという点に求められます。協同組合人にとって、自治・自立、したがって権利と責任を強く意識しなければならない協同組合法となっています。

さきほど、国家（政府）という手ごわい交渉相手がいる、と述べましたが、じっさいは協同組合全体を所管する省庁が存在しないため、どこを窓口として、あるいはどこを主務官庁として、協同組合の法的枠組みを議論すればよいのかが判然としません。この交渉相手不在の問題は、02年のＩＬＯ勧告（第１９３号）に関する政府見解のとりまとめに当たっても顕在化しました。[15]

また、２０１２国際協同組合年全国実行委員会が取り組んだ「協同組合憲章」の制定を求める運動でも、この問題が顕在化しました。全国実行委員会の下に設置された協同組合憲章検討委員会の委員長を務めた富沢賢治によれば、協同組合憲章を制定する目的は、①協同組合のアイデンティティと存在価値を協同組合自身が再確認すること、②協同組合運動に対する社会と政府の認知度を高めること、③政府に対して、関連の法制度を整備・充実するための指針を示すこと、におかれたとしています。[16]いずれの目的も、ＩＬＯ勧告（第１９３号）とそれに基づいて12年を国際協同組合年とした国連決議（09年）にしたがうものとなっています。

一般に「憲章」制定の目的は、「おのれは何者なのか」（アイデンティティ）の自己宣言（自己認識の明確化）と、それについての政府の承認を求めることにあるとされます。こうした理解にしたがって、ＩＣＡアイデンティティ声明に基づいて明文化していったものが「協同組合憲章」でしたが、政府の承認に関して、その結果はかんばしいものではありませんでした。[17]その理由はいろいろあるでしょうが、私がみるかぎり、政治的なリーダーシップの欠如を含めて、政府セクターにおける司令塔の不在がその根幹をなしているように思われます。各種協同組合法が、各省庁の利害関係のうえに成立しているからです。

政府広報オンラインに掲載された「政府も協同組合の活動を後押ししていきます」では、協同組合側が提示した協同組合憲章草案のうち、「政府の協同組合政策における基本原則」では5項目中の2項目がスキップされ、「政府の協同組合政策における行動指針」では10項目全部がスキップされてしまいました。行動指針がスキップされた理由については、政府側から、いずれも抽象度が高く、具体的な政策につながりにくいという（ネガティブな）評価が下されています。(18)

ここで、5項目の基本原則のうち、なにが採用され、なにが採用されなかったかをみておきましょう。(19)

① 協同組合の価値と原則を尊重する⇒採用
② 協同組合の設立の自由を尊重する⇒不採用
③ 協同組合の自治と自立を尊重する⇒不採用
④ 協同組合が地域社会の持続的発展に貢献することを重視する⇒採用
⑤ 協同組合を、社会経済システムの有力な構成要素として位置づける⇒採用

これをみれば一目瞭然です。政府の権限は、これを一つとして手放したくないという強い意志が表れています。

ひるがえって、脱国家、脱資本主義の社会的連帯経済の構築を目指す協同組合セクターにあって、協同組合間連携の一環として「法的枠組み」を議論していくことは、これを必須のものとしていかなければなりません。協同組合憲章の制定はそのための「はじめの一歩」だったわけですが、うまくことが運びませんでした。しかし、ここで挫折するわけにはいきません。その当面の目標は、「協同組合基本法」の制定と、それによる社会的連帯経済を担う主体としての「小さな協同」の法認にあると考えられるからです。というのは、協同組合基本法はいまある各種協同組合法のもつ国家的公共性を侵害するものではなく、各種協同組合法を補完するという観点から、ICAアイデンティティ声明にのっとって協同組合の法的根拠を明らかにするとともに、各種協同組合法だけではカバーしきれない新たな協同の領域を協同組合基本法によって補っていくという考え方が一般的になっているからです。

そのベスト・プラクティスは、じつは12年成立の韓国協同組合法（基本法）です。堀越芳昭は、日本の各種協同組合法との比較において、韓国協同組合法がILO勧告（第193号）、したがって95年のICAアイデンティティ声明にしたがう法律であるのに対して、わが国の各種協同組合法は、37年の最初の（旧い）協同組合原則にしたがう法律であるということを、ものの見事に示しています。[20] このことは同時に、特別法だけで構成される日本の協同組合法制と、特別法と一般法で構成される韓国の協同組合法制との違いを表しています。

日本の協同組合法制におけるもう一つの問題は、独占禁止法（私的独占の禁止及び公正取引の確保に関する法律）と協同組合法との関係についてです。日本の各種協同組合法は、47年4月14日に独占禁止法が公布された後から公布されました。これはすなわち、対抗力を形成する観点から、大企業に対する私的独占の禁止と経済的弱者を構成員とする協同組合の保護・育成はこれを不離一体のものとみなす、という考え方に基づいていることを表しています。これを規定しているのは現行法では第22条（協同組合に対する独禁法適用除外条項）となります。

主たる問題は、適用除外に関する「ただし書」以降にあります。そこでは「ただし、不公正な取引方法を用いる場合又は一定の取引分野における競争を実質的に制限することにより不当に対価を引き上げることとなる場合は、この限りではない」と規定されています。このただし書は、協同組合といえども、不公正な取引方法を用いたり、競争を実質的に制限したりする場合は、独禁法違反に問われるということを規定しているのです。

協同組合の行為には、内部行為（組合と組合員、組合員相互間の行為）と外部行為（組合と外部・第三者との行為）とがあります。協同組合といえども外部行為において不正があった場合は適用除外から外されるのは当然のことと考えられます。しかし、それに加えて、ただし書は「協同」という組合員にとってみれば当然ともいえる内部行為に対しても、不正があった場合は適用除外から外されると規定しているのです。これは母法とされるアメリカ法にもない、

わが国に固有の規定です。(21)

「協同」という内部行為のどこまでが適用除外となり、どこからが適用除外とならないのか、その境界が大きな争点となります。近年、全国各地の地域農協において、集出荷場の経費負担、JAブランドの使用、営農指導費の賦課基準、生乳取引先の選択などの問題をめぐって、独禁法違反に問われるような事案が発生していますが、これらはすべて、内部行為に関する適用除外の範囲を狭く捉えようとする（政権側の）恣意的な運用に端を発するものです。加えて、15年の農協法改正では「専属利用契約」の規定も廃止されてしまいました。

長期的にみると、こうした独禁法適用除外条項の運用にかかる問題は、国家がその強大な権限を駆使して、農協を協同組合としてではなく、私企業（民間企業）と同一視しようとする意思を反映したものと考えられます。いいかえれば協同組合解体の道を方向づけようとしているわけです。残念ながら、こうした運用に対して異議申し立てをするパワーは、一部の勇気のある地域農協を除いて、協同組合セクターのなかからは生まれていません。

脱国家、脱資本主義を目指す協同組合にとって、こうした独禁法の運用問題だけにとどまらず、強権的な経済政策、社会政策、さらには環境政策に対する異議申し立ての機能の強化は重要な課題となっており、今後、JCAを中心とする協同組合間連携のなかでこの機能を十全に発揮するようにしていかなければなりません。

ループBにおけるもう一つの柱は「資本」です。協同組合にとって資本の問題は、二つの側面から検討する必要があります。

一つは、資本調達に関わる問題で、この点については投資家主導型の資本制企業と利用者主導型の協同組合とを比較した場合、協同組合の見劣りする部分をどのように補っていくのかという「法的枠組み」の問題を議論しなければなりません。もう一つは、社会的企業（社会的経済、コミュニティ・ビジネスなどと同義です）のような、持続可能性に貢献する事業体の設立・育成に関して、協同金融組織が資本面で貢献することがありうるのではないかというESG（環境・社会・ガバナンス）投資にかかる協同組合間連携の問題を議論しなければなりません。これはICA「ブループリント」でも強調されている新たな課題といってよいでしょう。

前者の協同組合の資本調達の問題については、95年協同組合原則の【第4原則】「自治と自立」において、次のように述べられていることに注目しなければなりません。「外部から資本を調達する場合には、組合員による民主的管理を保証し、協同組合の自治を保持する条件のもとで行う」という規定です。

これは、わが国の協同組合法ではいまだ導入されていない、利用を前提としない出資制度である「投資組合員」制度を念頭においた規定といってよいのですが、EUでは06年のヨーロッパ協同組合（SCE）法ですでに導入されています。その時点でこの制度をもつEU諸国は、スペイン、フランス、イタリアなど8か国に上っていましたが、この制度に強硬に反対していたドイツも最終的には06年に国内法を改正して導入しています。[22]

この制度のもとでは、投資組合員に付与される議決権の割合は、組合員（利用組合員）による民主的な管理や自主性が損なわれないようにするため、3分の1まで（イタリア）、35％まで（フランス）、普通決議では過半数を超えてはならないが、特別決議では議決そのものに参加できない（ドイツ）などの制約が課されています。

また、イギリスの友愛組合や保険組合においても投資組合員制度とよく似た「永久劣後の出資」制度（譲渡可能ではあるが払い戻しはできず、当局が認めた場合を除いて解散・清算にさいして債務をすべて弁済した後でないと支払いができないという出資金制度）が認められています。

こうした諸外国の取り組みと比べると、わが国の協同組合法制の立ち遅れは決定的なものがあります。明田作は、こうした事態を改善するためには、「会社法や一般社団法人法と同様、わが国の法人制度の議論として法制審議会などで横断的かつ抜本的な検討が行われることが望まれる」としています。[23] こうした働きかけを効率的かつ唱道的に行うことは、プラットフォームとしてのＪＣＡに課せられた新たな責務と考えられます。

もう一つのＥＳＧ投資にかかる協同組合間連携の取り組みについては、例えば「ＦＥＣ自給圏型」協同組合間連携に取り組む社会的企業（コンソーシアム）に対して、協同金融組織が投資家の立場で参画するという形態が考えられます。もとより、そうしたＥＳＧ投資が成立するためには、地方・地域の熱意や能力が備わっていることが前提であり、協同金融組織によるコンサルティング機能の強化を含めて、ＪＣＡや都道府県協同組合連携組織がそのためのプラットフォームの役割を果たしていくことが求められます。

以上、ループＢにおける「法的枠組み」と「投資」について述べてきましたが、こうした議論を通じて強く感じることは、諸外国、とりわけヨーロッパ諸国と日本の協同組合法制の違いについてです。法制度全体にわたる問題なので、簡単には論評できませんが、ヨーロッパの「柔軟にして厳格」な法制度、日本の「厳格にして恣意的」な法制度、という対比が可能ではないかと思っています。(24)

ヨーロッパは柔軟に発想して厳格に運用するのに対して、日本は厳格に発想して恣意的に運用するという違いが感じられます。諸外国が95年ＩＣＡアイデンティティ声明に基づく法整備へと向かうなかで、ひとり日本だけが37年協同組合原則のままであるということ、また、そうした旧態依然の法制度の運用において、協同組合運動を促進する場合もあれば阻害する場合もあるという、ブレの大きさは座視することができません。

こうした状況を踏まえるならば、新たな協同組合間連携の類型として、ループＡの「ＦＥＣ

自給圏型」に加えて、ループBでは「政策提案型」を期待したいと思います。

5.「創発」を生みだすプラットフォームとしての協同組合連携機構

プラットフォーム研究の第一人者である國領二郎は、創発とは「自然科学に由来する広い概念である。プラットフォームの帰結として重要である」と述べて、JCAなり、都道府県協同組合連携組織が果たすだろうプラットフォームの未来について、確かなメッセージをわれわれに伝えてくれています。(25)

創発とは、一般に、「あるシステムにおいて、その部分の総和とは異なる性質、特徴が、システムの全体において現れる現象」と定義されます。わかりやすい例としては、水素と酸素から水が合成されますが、仮に摂氏100度で気化しても、気化した水蒸気の性質は水素と酸素に還元することはできません。いいかえれば、水素と酸素が合成されることで、水の性質が「創発」されたことになります。

水の創発現象に続けて、國領は次のような例を述べています。「生命体でも創発現象を見ることができる。われわれ人間を含め、生物は多くの器官によって形成されるが、個々の器官は全体の機能を発揮し得ない。さらにいえば、そうした器官もまたそれぞれ機能をもつが、そうした機能は器官を構成する細胞に還元することはできない」のだと。

かつて賀川豊彦は、「協同組合には七種類の協同組合があるが、そのすべてが必要である。この七種類の協同組合を、人体に比して考えてみると、筋肉は生産組合である。消化器は消費組合、血行は金融等を司る信用組合である。呼吸は交換等を掌握する販売組合であり、泌尿器は共済組合である。また骨格は、全身を支えている保険組合、神経系統は権利を運用する利用組合に当たる。こう考えてくると人体の機能の一つを欠いてもならぬように、この七種類の協同組合が身体のそれのようによく結合統治されるとそこに健全な大活動が生まれるのである。そして、これが社会的協同体の道徳的結合とならなければならない」と述べました[26]。

賀川のこのメッセージがまさに、協同組合間連携の「創発」への期待を述べたものになります。各種協同組合が大同団結し道徳的結合を果たすことによって、それぞれの協同組合の機能の総和とは異なる性質、特徴をもったユニークなシステムが現れるようになることへの期待です。この創発現象において、道徳的結合という形でプラットフォーム（場、基盤）の役割を果たしていくのが、ＪＣＡなり都道府県協同組合連携組織ということになります。

その場合に、どのようなシステムが出現するかは、主体（各種協同組合）の多様性と主体間の関係構造によって決定されるという特徴があります。さらにまた、主体の多様性や主体間の関係構造に変化が生じれば、複雑性が増して、出現するシステムを予測することも、操作することも困難性が増すという特徴もあります。そこが創発現象のおもしろいところだともいえるのですが、その複雑性のレベルを引き下げて、一定の秩序をつくりだし、自己組織化を促していくことがプラットフォームの役割だともいえます。

完全な無秩序からは創発は生まれません。また硬直的な仕組みからも創発は生まれません。創発を生みだすことをプラットフォームに期待するのであれば、プラットフォームの意義は、従来からある秩序と無秩序のすき間に存在するのだと考えるべきなのでしょう。つながりの空間において、プラットフォームがルールをつくり、プロセスを管理することで、定まった帰結を導くことはできないとしても、方向づけはできるようになると思われます。

日本の協同組合セクターにおけるプラットフォームは、以上のような大きな期待を背負って、いまはじまったばかりだといってよいのではないでしょうか。

（石田正昭）

【注】

(1) 中川雄一郎「協同組合は『未来の創造者』になれるか―新ビジョンは協同組合を『正気の島』にする―」中川雄一郎『協同組合のコモン・センス　歴史と理念とアイデンティティ』日本経済評論社、２０１８年５月、１６９～１７０頁。

(2) 中川雄一郎『前掲書』２０１８年、１７８頁。

(3) 中川雄一郎『前掲書』２０１８年、１７４～１７５頁。

(4) とくに注目される取り組みとして、ＩＣＡ「協同組合原則の新たな指針（ガイダンスノート）」があげられる。ＩＣＡ理事会メンバー４名と専門家委員４名からなる「原則委員会」が設置され、議論が重ねられているが、２０１５年４月に草稿案が発表されている。この委員会には日本から生協総合研究所の栗本昭が参加している。

(5) ＩＬＯ勧告（第１２７号）に対しては、その後の世界情勢の変化に的確に対応できなかったことが指摘されている。その理由は、勧告それ自体が主として開発途上国向けにつくられていたこと、旧共産主義国が瓦解し、国営企業の協同組合へのスムーズな転換が求められるようになったこと、グローバル経済への対応が喫緊の課題となったことなどがあげられている。詳しくは、テレシータ・メナ・デ・レオン「新勧告案の趣旨と要点」日本協同組合学会訳編『ＩＬＯ・国連の協同組合政策と日本』日本経済評論社、２００３年５月、２２６～２２７頁を参照のこと。

(6) 日本協同組合学会訳編『前掲書』２００３年、３～14頁。

(7) 堀越芳昭「わが国協同組合法制度の総括と今後のあり方」中川雄一郎・ＪＣ総研編『協同組合は「未来の創造者」になれるか』家の光協会、２０１４年５月、２２７頁。

(8) 日本協同組合学会訳編『前掲書』２００３年、15～24頁。

(9) ２０１２国際協同組合年全国実行委員会『協同組合憲章［草案］がめざすもの』家の光協会、２０１２年４月、73～75頁。

(10) 栗本昭「協同組合の10年に向けたブループリントが提起すること」（連載№１～№６）全国勤労者福祉・共済協会（全労済協会）『Monthly Note』第93号～第98号、２０１４年10月～15年３月。

(11) International Co-operatives Alliance,"Blueprint For A Co-operative Decade" ２０１３年１月、12頁。https://www.ica.coop/sites/default/files/media_items/ICA%20Blueprint%20-%20Final%20version%20issued%207%20Feb%2013.pdf

(12) 日本協同組合連携機構から日本語訳「新たな（第２の）協同組合の10年に向けて　人々を中心に据えた道のり　２０２０-２０３０戦略計画」が２０２０年７月20日に発表されている。https://www.japan.coop/wp/wp-content/uploads/2020/10/de83b3d1f22cf8ae24fdd7a231338930.pdf

(13) 日本協同組合連携機構監修『1時間でよくわかる　ＳＤＧｓと協同組合』家の光協会、２０１９年11月、17頁。

(14) 勝俣博三・古村伸宏「人と人が協同し、個性を認め合う　協同組合の力でＳＤＧｓに貢献する」The Asahi Shimbun GLOBE+、２０１８年11月29日。https://globe.asahi.com/article/11974292

(15) 森實久美子「第３報告　新勧告案に対する政府の見解」および「白石コメントに対する森實の回答」日本協同組合学会訳

編『前掲書』2003年、197～201頁および242～244頁。

(16) 富沢賢治「憲章のめざすもの」2012国際協同組合年全国実行委員会『前掲書』家の光協会、2012年、34～43頁。

(17) 比嘉政浩「協同組合憲章草案をどのように生かすか」2012国際協同組合年全国実行委員会『前掲書』家の光協会、2012年、44～48頁。

(18) IYC記念全国協議会「協同組合憲章草案に係る取り組み経過」『協同組合年（IYC）＝2012＝に行われた活動』https://www.japan.coop/iyc2012/activity/index.html

(19) 政府広報オンライン「協同組合がよりよい社会を築きます～2012年は国連が定めた国際協同組合年～」2012年6月26日。https://www.gov-online.go.jp/topics/kyodokumiai/index.htm

(20) 堀越芳昭「わが国協同組合法制度の総括と今後のあり方」中川雄一郎・JC総研編『前掲書』2014年、244頁。

(21) 日本の独占禁止法（適用除外条項）がアメリカ法（カッパー＝ヴォルステッド法）を継受していない問題を徹底的に洗い出した研究として、高瀬雅男『反トラスト法と協同組合　日米の適用除外立法の根拠と範囲』日本経済評論社、2017年3月がある。また、世界各国の適用除外条項（経済的弱者の保護規定）を分類、整理した研究として、堀越芳昭「世界の独占禁止法と協同組合の適用除外」『協同組合の社会経済制度　世界の憲法と独禁法にみる』日本経済評論社、2011年7月、155～181頁がある。

(22) 田中久義「ヨーロッパ協同組合法の制定とその影響」農林中央金庫『農林金融』2009年8月。

(23) 明田作「協同組合の資本をめぐる問題―最近の海外の協同組合立法の動向とわが国への示唆―」農林中央金庫『農林金融』2021年4月。

(24) 筆者にこうした対比を思いつかせた論考として、明田作「EU競争法と農業協同組合―わが国独占禁止法の適用除外制度への示唆―」農林中央金庫『農林金融』2020年2月、明田作「前掲論文」農林中央金庫『農林金融』2021年4月の2つをあげておきたい。

(25) 國領二郎「プラットフォームとその設計」國領二郎＋プラットフォームデザインラボ編著『創発経営のプラットフォーム　協働の情報基盤づくり』日本経済新聞出版社、2011年10月、13～33頁のなかの「創発」の議論を援用している。

(26) 賀川豊彦『復刻版　協同組合の理論と実際』日本生活協同組合連合会出版部、2012年11月、102～104頁（底本・ラッキー文庫『協同組合の理論と實際』〔コバルト社、1946年〕）。

◆編著者◆

石田正昭（いしだ　まさあき）

1948年生まれ。京都大学学術情報メディアセンター 研究員。三重大学、龍谷大学の教授を経て現職。農学博士。単著に『JA自己改革から切り拓く新たな協同「上からの統治」に挑む「下からの自治」』（家の光協会）、『JAで「働く」ということ 組合員・地域とどう向き合っていくのか』（家の光協会）、『JAの歴史と私たちの役割』（家の光協会）、『農協は地域に何ができるか―農をつくる・地域くらしをつくる・JAをつくる』（農山漁村文化協会）ほか。編著に『JA女性組織の未来 躍動へのグランドデザイン』（家の光協会）ほか。

◆執筆者（執筆順）◆

石田正昭（京都大学学術情報メディアセンター研究員）：第１章、第７章
伊丹謙太郎（法政大学連帯社会インスティテュート協同組合プログラム 教授）：第２章、第６章
前田健喜（日本協同組合連携機構協同組合連携２部部長）：第３章、第５章事例４
青竹豊（日本協同組合連携機構常務理事）：第４章第1部、第５章事例５
文珠正也（日本協同組合連携機構協同組合連携１部連携推進マネージャー）：第４章第２部、第５章事例２・事例３
岩堀義一（神奈川県農業協同組合中央会ＪＡ改革対策部部長）：第５章事例１
北海道生活協同組合連合会：第５章事例６
小暮航（日本労働者協同組合中四国事業本部広島事務所所長）：第５章事例７
佐藤憲司（日本協同組合連携機構協同組合連携１部連携推進マネージャー）：第５章事例８
中谷隆秀（長野県生活協同組合連合会事務局長）：第５章事例９
齋藤優子（生活協同組合コープこうべ人事部人材開発兼コープこうべ教育学習センター）：第５章事例10

いのち・地域を未来につなぐ
これからの協同組合間連携

2021年10月20日　第１版発行
2021年11月10日　第２版発行

編著者　石田正昭
発行者　河地尚之
発行所　一般社団法人 家の光協会
〒162-8448 東京都新宿区市谷船河原町11
電話　03-3266-9029（販売）
03-3266-9028（編集）
振替　00150-1-4724
印　刷　中央精版印刷株式会社
製　本　中央精版印刷株式会社

乱丁・落丁本はお取り替えいたします。定価はカバーに表示してあります。

ISBN978-4-259- 52202-5 C0061